＼簡單生活的／

選物提案

トランクひとつのモノで暮らす

日本超人氣
極簡生活部落客
繪里沙／著
黃筱涵／譯

前言

留下真心喜歡的物品，就是幸福

我第一次嚮往「一卡皮箱的生活」是國小時。我心想，如果可以把寶貝的物品全部收進一個行李箱，就能自由地遊走世界各地。

「長大後說不定會實現……」雖然我當時這麼以為，事實上，過了二十歲之後，生活反而被大量物品包圍。別說出國了，一年也不見得會去一次其他縣市。這是因為大量的物品從物理層面、經濟層面與心理層面，為我帶來了沉重的負擔。我深刻體會到必須有一些實際的行動才行，不能總想著「遲早有一天」，所以便開始一件一件地減少身邊的物品。

展開物品減量的生活後，一開始只是單純地感覺到房間變乾淨了。當更進一步要精挑細選物品的階段時，就必須面對內心深處的感覺，結果就是我了解了「生命中該重視的事物」。知道什麼是「重要的」之後，就能挑選出「不

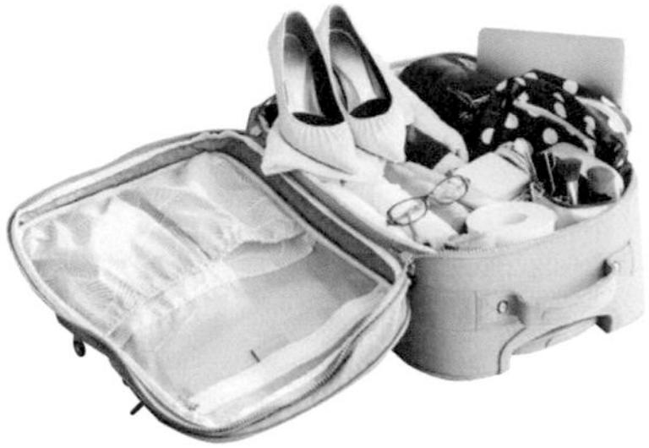

重要的」事物了。畢竟，我們的時間、空間和金錢都有限，身邊只留下重視的事物比較幸福。

「一卡皮箱的生活」不是目標，而是變得更幸福的方法之一。現在的我感到非常清爽。只要有心，帶著一卡皮箱，就能去世界上任何一個地方。

有人曾問我：「妳的東西會這麼少，是因為妳對自己的東西沒什麼感情吧？」事實並不是如此，相反的，正因為我深愛著這些物品，才必須秉持著真摯的態度精挑細選，書中有許多我喜愛的與生活中不可欠缺的物品。

每個人重視的東西不同，這個人的必需品，對另外一個人來說或許很沒用，所以我們只能仰賴自己的判斷。如果各位能從我的選物想法中獲得靈感，磨練自己的「選物雷達」，並藉著這個機會、依照自己的情況認真看待身邊物品，我會非常高興。

關於服裝

我總共只有18件衣服，以生活常穿的風格為主，適度融入時下流行的風格。數量很少反而有利於經常換新（P26～P29）。

依序是下雪天的長靴、正式鞋款、時髦款、好走款，以及下雪天的休閒款。雖然我會視情況更新，不過終究還是保持五雙就夠了（P40～P41）。

我挑選包包時重視花紋、風格與重量。圖案豐富的包包其實出乎預料地好搭配，我是從和服學到花紋的搭配法。此外，如果包包輕一點，就讓我覺得自己能夠輕易前往每個地方（P42～P43）。

徹底減量，
讓身邊只有最舒適的衣服。

春季穿搭

白襯衫、長版針織外套、寬褲、黑色包鞋

在這個離別與相遇的季節，「正式感」穿搭的登場機率特別高。這裡藉寬褲跟上現在的流行，再藉長版針織外套的直線營造出俐落感。

長袖T恤、白襯衫、牛仔褲、長靴、真皮包包

北海道春天時仍經常下雪，想要在雪融的溼滑地面大步行走，就必須穿上牛仔褲與長靴。白襯衫下搭配長袖T恤的話，天氣冷時也不怕。

夏季穿搭

白襯衫、牛仔褲、
白色包鞋、托特包

北海道只有短短的夏季，可以只穿一件輕盈的襯衫外出。我會在衣襬與袖口變點花樣，盡情享受白襯衫的時尚。白色包鞋可以讓雙腳看起來更輕盈。

花紋襯衫、丹寧裙
白色包鞋、肩背包

白色丹寧裙很適合北海道的清爽夏日，搭配的這件花紋襯衫，是我非常喜歡的穿搭。此外，藉海軍藍的肩背包與白色包鞋，避免整體打扮太過休閒。

秋季穿搭

白襯衫、格紋毛線背心、灰色內搭褲、風衣、白色包鞋、托特包

白色丹寧裙讓容易顯得厚重的秋季穿搭明亮起來，灰色內搭襪可以讓腿部線條更緊實，花紋托特包則為整體穿搭的視覺重點。

長袖T恤、牛仔褲、花紋襯衫、帽T、白色包鞋

牛仔褲搭配帽T是經典的休閒組合，捲起褲管露出腳踝，讓整套裝扮與白色包鞋更搭。將花紋襯衫綁在腰部，可以將視線往上引導，帶來拉長腿部的視覺效果。

冬季穿搭

白襯衫、格紋毛線背心、寬褲、羽絨外套、風衣、長筒高跟靴、托特包、帽子

北海道的冬季很冷，所以必須搭配多件外套。有背心的話，就能在保暖的同時，避免手臂看起來很粗。寬褲裡面則穿有發熱材質的褲襪。

花紋襯衫、連帽外套、牛仔褲、風衣、長靴

下雪天的休閒穿搭。用連帽外套搭配風衣時，裡面穿一件花紋襯衫看起來就時尚許多。牛仔褲的褲管則塞進靴子裡。

關於餐具

有了飯碗和湯碗等不同尺寸的白色餐具，就不需要煩惱餐具的搭配。珍惜和這些餐具的緣分，選擇留下「用得到的分量」就好（P94～P95）。

一個深鍋就能煎、煮、炒、炸，其他用具也都兼具各種功能（P92～P93）。

廚房的流理台上沒有瀝碗架與三角廚餘桶，也看不到任何一個調理用具，不僅視覺上很清爽，打掃起來也很輕鬆（P78 ～ P81）。

多功能的用具和餐具，
以及僅攝取身體所需的簡單食量，
讓家事與身體都很輕鬆。

我的三餐基本上是近來很喜歡的「冷飯」，搭配味噌湯與一道配菜。傾聽身體的聲音，不要吃「超出需求」的食物，正是保有身心健全的祕訣（P96 ～ P98）。

關於居住

我會在這個客廳製作氣球，為了能在必要時攤開所有物品，完全不擺放大型家具。要用電腦時，會站在白色層櫃旁使用（P64～P67）。

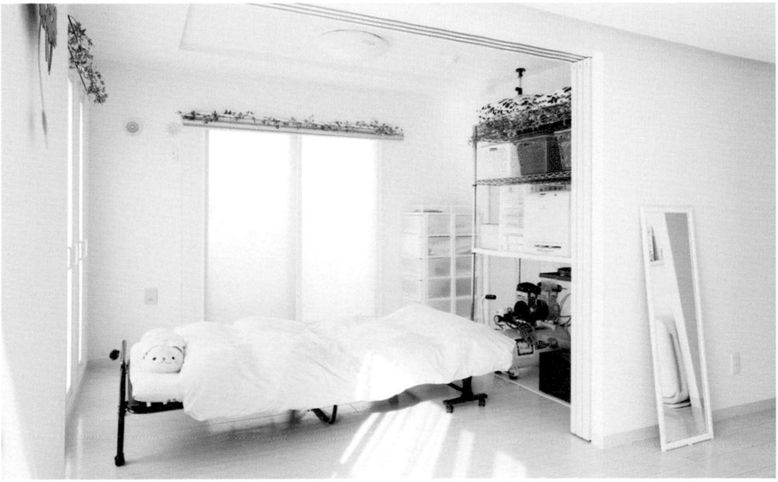

我的房間只有 3 坪，床沒有在睡時會折起來推到角落。窗戶貼有霧面窗貼，在導入柔和光線之餘，維持清爽的視覺效果（P64 ～ P67）。

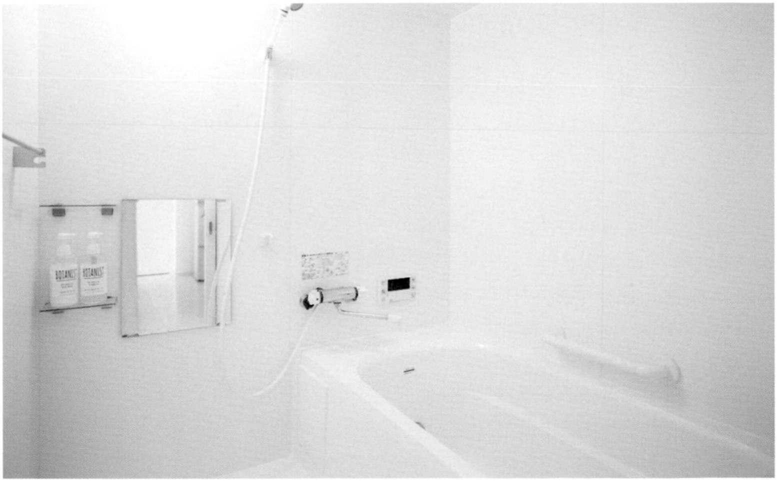

浴室裡沒有浴缸蓋、椅子與水桶這類多餘的物品。蓮蓬頭則換成能讓淋浴更舒適的商品。

日常清潔會使用手作的除臭消毒噴霧與衛生紙，並會直接用手拿著清（較難清道的內側或深處會帶著塑膠手套），所以不需要馬桶刷。

我家玄關的鞋櫃，已經變成收納工作用氣球材料的場所，所以我規定自己只能在這裡擺放一雙鞋子，其他都收到收納架下方（P70～P73）。

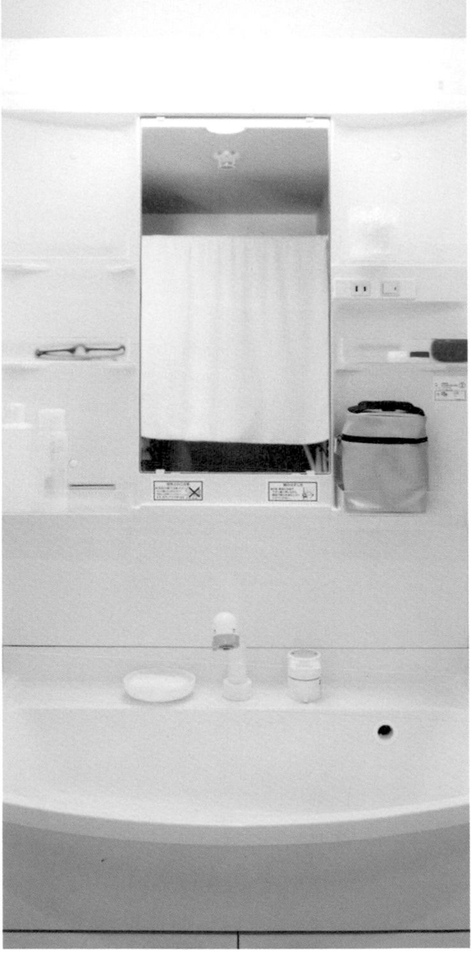

同仁與訪客都會用到的洗手台，會盡量保持乾淨清爽。化妝水與牙膏的容器都貼上白色標籤，讓整體視覺效果更美觀（P119～P121）。

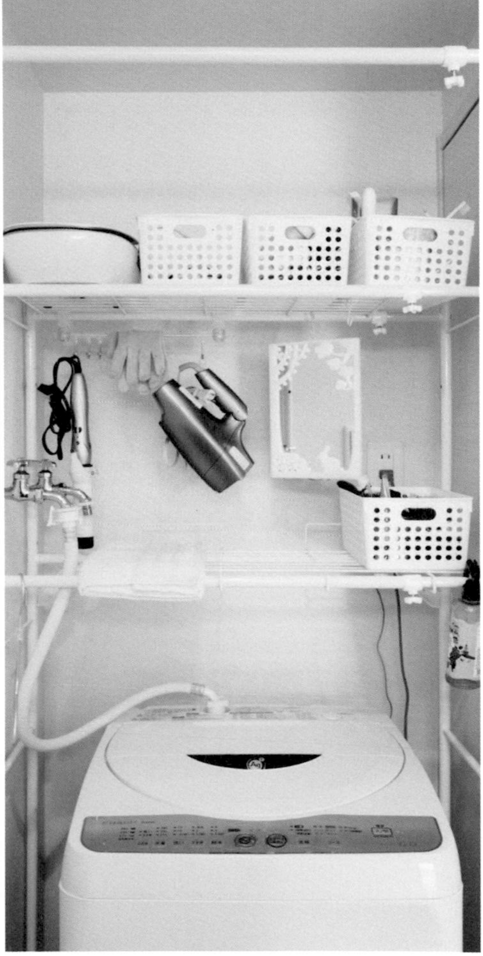

我趁搬家時買了洗衣機收納架，將洗手間與浴室用品都擺在這裡。如此一來，客人也會用的洗手間就不用放置任何物品。只要在架子最上方的橫桿掛置布巾，就能夠遮蔽這一塊。

過去的爆量生活

在我投入極簡生活前，雖然也努力整理房間，卻到處塞滿了「以後可能會用到」而捨不得丟的東西。

只留下必要的物品，牆壁、地板與家電，都選擇白色，打造出簡約空間。在 3 坪＋收納架的空間裡，就收了我全部的東西與一套工作用具，由此可以看出東西真的很少。

減量後的雪白房間，
是塊空白畫布，
無論什麼樣的夢想都能夠描繪。

chapter 01

極簡風格的穿搭、保養

chapter 02

讓家中清爽、有空間的提案

chapter 03

讓生活保有空間的日常法則

chapter 04

無法選擇時，問自己10個問題

chapter 05

為什麼該試試選物提案的11個理由

chapter 06

開始簡單的生活風格

chapter 01

極簡風格的穿搭、保養

總共只有18件衣服。
正因為少，才能夠享受穿搭

我的衣物清單

16
13
14
17
18
15

18件衣物，
搭配出四季穿搭的豐富變化！
全部都是「適合自己」的單品衣物，
輕鬆打造獨特的時尚風格。

※不包含內衣褲與襪子。

	穿著季節	穿著時間	說明
1 **花紋襯衫**	**春夏秋冬**	**1～3年**	「Zara Basic」的花紋襯衫，看到的第一眼，就覺得這是我的衣服！這個系列有我喜歡的藍色和紫色，很好搭配已經有的衣服。這件襯衫比較長，所以我會將衣襬打結或是綁在腰間混搭。
2 9 **白襯衫**	**春夏秋冬**	**1～3年**	「earth music & ecology」的棉質襯衫②，清洗時不用太講究，長衣襬也很好做搭配。「Alphabet's alphabet」的雪紡*襯衫⑨，很適合為自己增加一些優雅的氣息。
3 4 5 6 11 **長袖T恤**	**春夏秋冬**	**1～3年**	材質耐穿、親膚，領口開得恰到好處，還有不會起毛球等等優點。「Alexander Wang」的T恤④材質綿軟，能修飾身體的線條。
7 **長版針織外套**	**春**	**3年**	骨骼診斷的結果表示，我很適合長版針織外套。事實上，穿這件「wb」的針織外套時，也經常有人問：「妳瘦了嗎？」材質裡的銀粉讓整件衣服看起來更優雅，V領則強調了身體縱線。
8 **丹寧裙**	**春夏秋冬**	**3年**	「Uniqlo」的白色丹寧裙。秋季時的穿搭容易顯得沉重，這時候下半身選擇白色的單品，就能增添輕盈感。我原本擔心白色的褲子、裙子弄髒會很明顯，但是這種材質很好洗，所以相當方便。

*編註：原文為「とろみ素材」，這種材質多為雪紡類。書中直接以「雪紡」統稱。

10 POLO 衫	穿著季節：**春夏秋**	穿著時間：**3 年**	朋友舉辦「A-HE-A-HO 體操」活動時，我會穿著這件 POLO 衫參加。這種體操會反覆喊著「A-HE-A-HO」，在「HE」與「HO」的時候縮小腹，是以腹部運動為基本的健康體操，能鍛鍊全身肌肉。
12 牛仔褲	穿著季節：**春夏秋冬**	穿著時間：**5 年**	這條牛仔褲對我來說是必備中的必備，直筒褲管無論什麼年代都能穿，彈性極佳，穿起來非常舒服。大腿部分的褪色效果看起來很顯瘦，是 DIESEL 的商品。
13 內搭夾克	穿著季節：**秋冬**	穿著時間：**3 ～ 5 年**	「UNIQLO」的特級極輕羽絨系列，非常輕盈，摺起來後非常不占空間，旅遊或擔心會冷的時候都可以帶上。因為我打算搭在風衣裡面，所以選擇較淺、沒這麼顯眼的顏色。
14 連帽外套	穿著季節：**春秋冬**	穿著時間：**3 年**	「UNIQLO」與「INES DE LA FRESSANGE」的聯名商品，是帶有丹寧質感的海軍藍色。繩子原本是酒紅色的，我買來後就自行換成白色。袖子的皺褶不明顯，也不容易起毛球。
15 丹寧伸縮緊身褲	穿著季節：**春夏秋冬**	穿著時間：**3 年**	「SOMETHING」的緊身褲，以丹寧材質來說彈性絕佳，雖然會讓大腿看起來肉肉的，穿起來卻很舒服。我外出過夜有時會用這件代替睡褲。
16 背心	穿著季節：**秋冬**	穿著時間：**3 年**	「Lois CRAYON」的格紋毛線背心，腰部鬆緊帶的部分較寬，使整體線條看起來相當俐落。搭配襯衫的話能讓腹部保暖，沒有袖子則可以避免多重穿搭後看起來圓滾滾的。
17 寬褲	穿著季節：**秋冬**	穿著時間：**1 年**	「UNIQLO」的寬褲，買的時候就打算盡情穿上 1 年。穿上後非常時髦，給人感覺很跟得上時尚潮流。搭配白色材質較軟的襯衫時，則會有俐落的都會感。
18 風衣	穿著季節：**春秋冬**	穿著時間：**10 年**	「Aquascutum」的商品，優點是又輕又保暖。隨手放著也不怕起皺摺，髒了也不明顯。這件風衣的鈕扣間距很短，且靠近領口處也有鈕扣，像我這種個子嬌小的人穿起來，會比較容易取得視覺平衡。

打造出理想衣物清單的訣竅

一時之間不知道該如何訂出自己的「理想衣物清單」時，可以先從確認已經有的衣物開始。寫出對於這件衣物「喜歡的地方」和「不喜歡的地方」，這樣就能夠漸漸看出自己的需求，例如：「喜歡輕盈的衣料材質」、「喜歡明亮的顏色」……等。

㊇ 雪紡裙

＜喜歡的地方＞	＜不喜歡的地方＞
● 裙擺較寬，讓腿看起來較細。 ● 材質輕盈，外出旅遊時很方便。	● 顏色較淺，會擔心沾到髒汙。

找出自己的「穿搭基本款」

我有所謂的基本款，例如：「亮色上衣」和「深色下半身」，但是並非限制自己「只能這樣穿」，而是「不知道該怎麼穿時，就這樣搭」，就能安心挑選衣物。只要先找到適合自己的穿搭標準，就能放心運用有季節感或時下的流行元素

像賈伯斯固定穿著高領上衣和牛仔褲，就獨具風範。不過，我也為了追求流行，買了大概只能穿一年的寬褲。

只要找出自己的基本款，就能享受穿搭的趣味。

列出理想中的衣物清單

當我找出適合自己的基本款穿搭後，接著就列出了理想的衣物清單，依照這個清單，清掉了一半的衣服！這個清單不是已經有的衣服，而是最適合自己

繪里沙の選物提案

心中有選擇的標準，
購買時就不會迷惘。
有標準的話，
就能享受穿搭的樂趣。

的，因此很適合當成判斷「需要、不需要」的基準。

清單上沒列出的衣服，代表不符合你的理想，就算已經買了，也自然會慢慢淘汰。此外，喜歡的衣服條件，也會隨著清單而具體浮現，在選購衣服時就能更快排除不適合自己的類型。

我現在已經度過了衣服減量的階段，因此能夠打從心底享受買新衣服、汰換舊衣服的樂趣。減量的結果就是留下十八件衣物，夏季時則會換購新的T恤。

我有的衣物很少，能夠百分百掌握自己的衣櫃內容，所以會放心的選購流行服裝或符合季節的衣物。衣物數量少時消耗就快，能夠縮短換衣的週期，因此我可以一邊盡情穿著喜歡的衣服，一邊購買喜歡的新衣服，放心享受時尚的樂趣。

我的外套，只有這件精挑細選留下的風衣

花了約1年，挑選到的理想風衣

我從小就很嚮往風衣，到三十多歲時才認真決定要買一件。我花了一年的時間認真做功課與試穿，最後終於邂逅了「雅格獅丹」。「雅格獅丹」曾經製造過軍服，絕佳的堅韌度是這個品牌的一大魅力，不僅具有高撥水性，隨手放著也不容易發皺。雖然價格達十萬日圓以上，卻能夠穿上十年，搭配平價的「UNIQLO」單品，也能夠顯得時尚有型。買了風衣後，我就順勢淘汰了春季風衣與羊毛外套，只留下這件。

以下是我在各大知名風衣品牌的試穿心得。

穿上「Burberry」風衣的瞬間，整個人會變得

「雅格獅丹」的風衣

創立 160 年以上的英國傳統品牌經典款，內裡材質是防寒性極佳的壓縮羊毛，色澤會隨著歲月慢慢改變。

＊購買風衣時參考的書籍：《大草直子的 Styling Book》（鱷魚書社）

繪里沙の
選物提案

只要有一件優質的風衣就夠了。
所以要到喜歡的品牌試穿，比較
出「最適合自己的一件」。

優雅起來，也能將身型修飾得相當漂亮，因此會忍不住想小心翼翼地對待這件衣服，不適合想要隨手放的我。而「MACKINTOSH」的剪裁俐落，是我試穿過的風衣中最百搭的一件，但是質料太軟，同樣不適合我。

我挑選風衣的3個條件

☑ 要輕盈又能防寒。
☑ 能快速收進包包，不怕發皺。
☑ 內裡能拆掉，各個季節都能穿。

我喜歡穿布料軟的白襯衫搭配牛仔褲，這時，只要套上風衣，就能簡單地為隨興穿搭增加俐落感，讓我非常滿意。這件風衣能讓穿的人看起來線條纖細，不過，裡面的空間卻足以穿上薄羽絨外套或是連帽外套。

不知道哪件衣服最適合自己，用體型和顏色來判斷

繪里沙の選物提案

這件衣服真的適合我嗎？
客觀看待自己後，
就會有新發現。

活化自我特色的體型診斷

開始將衣物減量後，我忽然冒出這樣的念頭：「這些留下的衣服，真的適合我嗎？」於是便決定借助時尚診斷的力量，首先參考的就是「骨骼（體型）診斷」。

骨骼診斷的結果分成「直型」、「波浪型」與「自然型」這三種，在「形象顧問 BIL」的渡部姊妹診斷下，確認我屬於「自然型」，適合休閒風打扮。這個結果令我相當驚訝，因為我一直以為自己適合幹練又充滿女人味的打扮。了解自己的骨骼（體型）後，就比較容易判斷適合自己的服飾類型、材質與穿搭風格。

3 個找出「基本款」的穿搭判斷

◆形象顧問 BIL 渡部姊妹（請在網路搜尋「渡部姊妹」）
工作室位於札幌的個人形象顧問，兩人搭配，幫客戶做身型的「骨骼診斷」和「個人色彩診斷」，非常準確。

◆Color NAVI（骨骼診斷、骨骼類型分析）
http://www.colornavi.net
骨骼類型協會監修，只要填答胸板厚度、鎖骨大小等 7 個問題，就能夠自我診斷骨骼（體型）。

◆IROUSE（個人色彩診斷）
http://www.geocities.jp/net_t3/color
色彩與形象資訊網站，選擇自己的膚色、髮色、瞳色、頰色與唇色，就能夠自我診斷個人色彩。

讓氣色更好的「色彩診斷」，找出合適衣服的「設計診斷」

接下來要確認的是「顏色」。個人色彩診斷依季節分成「春」、「夏」、「秋」、「冬」這四種，經過渡部姊妹的診斷，確認我屬於夏季型。同時也告訴我一個有趣的發現，那就是不同色彩類型，所適合的「白」其實各不相同。

最後的「個人設計診斷」，則是依五官找出適合的衣服，女性分成「時尚型」、「自然型」、「女人味型」、「浪漫型」等八種結果，不過實際分法會依流派稍有差異。透過自我診斷，確認我屬於「可愛／前衛」型。好像是因為我的長相普通、又充滿日本味，所以要藉個性較強烈的服飾取得平衡。

最喜歡白襯衫。一穿搭就能改變整體氣氛

繪里沙の選物提案

正因為是簡單的白襯衫，
才能夠透過穿搭，
改變氛圍。

生活中不可或缺的品項

我很喜歡白襯衫，有這三個原因——

☑ 白色會讓臉色看起來明亮有精神，

☑ 衣領會散發出俐落幹練的感覺，

☑ 十分百搭。

不管是單穿、內搭，還是披著，都獨具風範的白襯衫，穿搭起來非常方便。我的體型小、但是骨架較大，穿上布料偏挺的白色襯衫時，會有種穿著上班服的僵硬感。所以我穿白襯衫時，習慣在袖子或衣襬做點變化，依當天的髮型或想呈現的形象，調整穿搭風格。

只要有兩件
不同材質的襯衫，
就夠了

我有一件長版的棉質襯衫，以及一件有俐落感、有彈性的雪紡襯衫，只要有這兩件，就足以應付各式各樣的場合。

白襯衫的 3 種不敗搭配法

① 開襟穿法

釦子全部扣起，看起來太正式，不要扣比較休閒。豎起衣領看起來較俐落像和服一樣把衣領往後拉的話，會營造出隨興的時尚感。

② 袖子的變化

放下袖子的話看起來比較正式，隨興捲起可增加休閒感，露出手腕則有非常好的顯瘦效果。

③ 衣襬的變化

完全紮起來很正式，鬆鬆地拉出下襬的話就休閒多了。此外也可以將衣襬打結，或是只有前側紮起來。

〈例 1〉
衣襟　打開一顆釦子
袖子　放下
衣襬　拉出來

〈例 2〉
衣襟　打開一顆釦子
袖子　捲起來
衣襬　只有前面鬆鬆地紮進褲頭

〈例 3〉
衣襟　打開兩顆釦子
袖子　捲起來
衣襬　綁起來

想穿的、重視的衣服，可能並不適合你

我很重視的長袖 T 恤與連帽外套

長袖 T 恤又薄又輕，穿起來很舒服，也能穿在襯衫裡面。照片中的長 T 是「Alexander Wang」的。連帽外套可以套在襯衫外或外套內，常常洗也不會壞，照片這件是「UNIQLO」與「Inès de la Fressange」的聯名商品。

「適合的」衣服和「想穿的」衣服

經過骨骼（體型）診斷，確認我是「自然型」。多虧了這個診斷，我終於能夠客觀看待適合與不適合自己的事物。但是，適合自己的衣服與想穿的衣服差距太大，所以我花了不少時間嘗試，並經歷多次失敗。

我喜歡可愛的、有女人味的衣服，但是穿上公主袖的衣服後，我受到很大的打擊——因為我的肩膀比較寬，穿上之後簡直就像美式足球選手。

因此，我決定從「適合的衣服」中，取部分優點在選擇想要、喜歡的衣服上。屬於自然型的我，適合「麻質、寬大、隨興」的款式，所以我決定要這樣挑選衣服——

繪里沙の選物提案

挑選喜歡的衣服時，要有一、兩個「適合」自己的元素。

☑ 合身的麻質外套，

☑ 比較正式感的襯衫，就用「捲起袖子」營造隨興感，

☑ 充滿女人味的衣服，就選寬大一點的 over size 款。

將「適合自己」衣物的優點，分別套用在「想穿」的衣物上，就能夠慢慢地從「喜歡」與「適合」之間取得平衡。

衣櫃中倖存的衣物

我淘汰了好幾件當下喜歡、購買後卻幾乎沒穿過的衣物，但也有幾件始終保留在衣櫃裡的，那就是長袖T恤與連帽外套。這兩件都不是我的最愛，但是卻很重要，可以說是襯托主角的最佳綠葉。愈是簡單的衣物，我就愈重視穿起來的舒適性、色彩和穿起來的氛圍，要能呈現自然、不造作的時尚感。

用自己的活動範圍，決定鞋子的數量

一年四季，有這 5 雙鞋就夠了

由左而右，分別是「STRAWBERRY-FIELDS」的長靴、「KIBERA」的包鞋、「REVISITATION」的包鞋、「美津濃」的慢跑鞋、沒有品牌的橡膠長靴。增添時尚感用的白色包鞋，購買的當下就只打算穿一季，之前曾買過紅色的包鞋。選購長靴時我很重視防髒的問題，但是又不希望看起來太沉重，便選擇了深褐色。

用日常的活動，選出5雙必備鞋款

時尚從鞋子開始。鞋子與衣物一樣，除了要有基本必備款外，也要能依季節或流行更換。上圖這五雙鞋款，就是我按照自己的日常行為模式所篩選出來的。

- 下雪天，正式場合
  ↓防寒鞋（長靴）
- 正式場合、讀書會、婚喪喜慶
  ↓正式鞋款（黑色包鞋）
- 和朋友吃午餐、出去玩
  ↓時髦鞋款（白色包鞋）
- 購物、散步、長時間外出

繪里沙の選物提案

想像穿著的場合，就能知道這雙鞋款需要哪些功能。

↓好走鞋款（慢跑鞋）

●下雪天，休閒場合

↓防寒＆防雨（橡膠長靴）

舒適又能使雙腿顯瘦的鞋子

我想買一雙就算穿黑色套裝也能搭配的簡單黑色包鞋，挑選了可以半訂製的品牌。這個品牌會用3D測量確認雙腳的尺寸，接著約等待三週就會到貨，價格不到一萬日圓，CP值很高；這雙鞋很合腳，穿上後能夠讓腳踝看起來更纖細。

而白色包鞋的顏色，搭配七公分高的鞋跟，能讓雙腿看起來更輕盈。至於慢跑鞋的後腳跟有墊高，同樣擁有非常好的美腿效果。長靴則能修飾小腿至腳踝的線條，因此我長年都固定購買相同品牌。

找出自己常用包包上的特色

用最久的包包，是有圖案或色彩有變化的款式

上層左起，分別是「Anya Hindmarch」的印花托特包、有圖案的手提包；下層左起是圓點肩背小拉鍊包、絨面革肩背包、「Coquette」的包包。我最喜歡的手提包（上層有圖案的）很搭和服，已經用了超過十年。出國旅行的時候，則會帶圓點拉鍊包。而「Coquette」的真皮包包上，有鳥籠造型的設計與褪色加工，同樣深得我心。

有圖案的包包用得最久

重新審視現有和淘汰的包包後，我發現對自己來說，包包的必備條件（特色），主要有以下這三項：

☑ 不是單色。
☑ 可以清洗。
☑ 輕盈。

我非常喜歡由多種顏色組成的圖案包，例如絨面革肩背包這種色彩豐富的、彩虹色的包包。有圖案的包包適合搭配各式各樣的衣服，髒了也不明顯，如果可以直接丟洗衣機清洗就更理想了。至於輕盈的部分，則單純是太重的包包會澆熄我

繪里沙の選物提案

「有圖案的東西容易用膩」
是刻板印象，
能搭配愈多場合和服裝的
包包最好。

對它的喜好罷了；此外，我也不希望包包占全身的比重太大。

工作、外出都百搭的包包

我最近常用的是這兩款包包：印有遊樂園的托特包（照片左上），以及深藍色的肩背包（照片中下）。

這款托特包能放入A4尺寸的文件，充滿夏季風情的色彩又很適合我的膚色，絕妙的花紋也適合搭配設計簡單的衣服。有時在從事氣球藝術家的工作時，也會帶上這個包包（百搭的包包特別珍貴）。

而肩背包乍看只有一個顏色，但是絨面皮革會讓色彩出現些微的變化，讓它成為很好搭配服裝和場合的包包。

從整理和服感受到「謹慎處理」的舒適感

邊收拾、邊想像下次穿上的場合

仔細折起和服和腰帶的過程，是收拾其他衣服時所無法體驗的寧靜時光。

和服教會我的事情

小時候在祖母家時，看著用白色「疊紙」包起的和服，總覺得和服好像珠寶一樣珍貴。有一天，我在寫下「人生中想做的事」清單時，其中一項就是「一半穿洋服、一半穿和服」，但是當時我無法自己穿好和服，有種無法自由運用和服的無奈感。

後來在因緣際會下，我不僅熟悉了和服的穿法，還考取了和服著裝老師的證照。現在我上至婚禮等正式場合，小至日常生活，都經常穿著和服。

其實我很懶散，但是和服卻讓我認識了花時

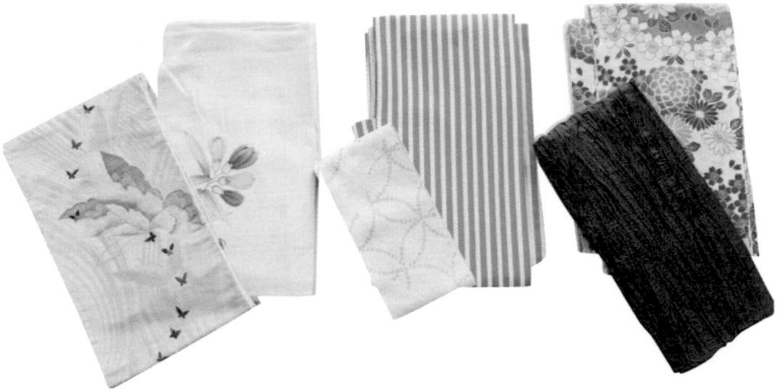

依穿著場合或心情選擇的基本款和服

(左)淡粉紅色的絲質和服，腰帶是在和服二手店買到的，上面繡有蝴蝶花紋，是我偶然找到的珍品。（中）綠松色的直紋非常吸引我，這是我依體型半訂製的聚酯化學纖維和服，可以用洗衣機清洗，搭配靴子、帽子或西服等配件，可以打造時尚的形象。（右）浴衣本身的花紋用了我喜歡的藍色和紫色，並搭配可以綁成蝴蝶結的腰帶。

間謹慎處理而帶來的「舒適感」。舉例來說，和服脫下來後要藉衣紋掛（和服專用衣架）去除濕氣後再摺成平坦的樣子。腰帶也同樣要用手拉直後，從邊端摺成五邊形。如此一來，下次穿起來才會筆挺，心情當然也會舒服。

光是穿上，就能改變整個人氣氛的和服

將衣服視為表現自我的方法時，我認為效果最好的就是和服。很多時候，光是穿上和服就可以吸引他人目光，也會獲得特別尊重的對待。此外，不必開口就能夠傳遞出豐富的訊息，包括「對日本文化的敬愛」、「對參加會場或與會人士的敬意（款待之心）」、「穿著的素養」……等。

雖然穿上和服後要多帶不少小配件，也必須多加練習才能穿得熟練，但是有益的收穫卻大大高於這部分的不便。

繪里沙の選物提案

選擇一半和服一半洋服的話，
會增加小配件和用具，
但是收穫非常多。

化學纖維製成的和服也沒問題

我現有的和服有三件，分別是絲質和服、化學纖維製和服，以及浴衣。腰帶也只有三條，分別是適合正式場合且四季皆可用的絲質腰帶，還有適合休閒場合的半幅帶與浴衣腰帶。遇到像是親戚結婚這種比較特別的場合時，我會視心情另外租賃。

以前我認為絲質和服才正統，認為化學纖維和服是旁門左道；不過，現在卻非常喜歡化學纖維製成的和服，反而穿上絲質和服會格外小心翼翼、害怕弄髒（因為絲質衣料要去汙非常麻煩）。所以，現在會依出門當天的條件做篩選，當重視穿著舒適度時，會選擇絲質的和服，而雨天則選擇可以安心出門的化學纖維製那一件。

找出「淘汰衣服」的五個特色

繪里沙の選物提案

仔細檢視丟棄的物品，
就能更清楚自己的選物條件。

思考丟掉的理由

我把全部衣服拍照建檔在電腦裡面，還為已經丟掉的衣物設置專用資料夾，從中找出丟掉的五大理由：

（1）顏色不適合，
（2）剪裁不適合，
（3）難以派上用場，
（4）不符合我的年紀，
（5）太舊了。

知道丟棄的理由，就能知道自己執著的理由；知道淘汰的理由，就能夠知道自己重視什麼樣的衣物特質。

淘汰的衣物

金色的針織外套

發現了色彩與剪裁更適合自己的款式。

丹寧外套

太硬、太重。

小鹿圖案的 T 恤

穿太多次，鬆掉了。

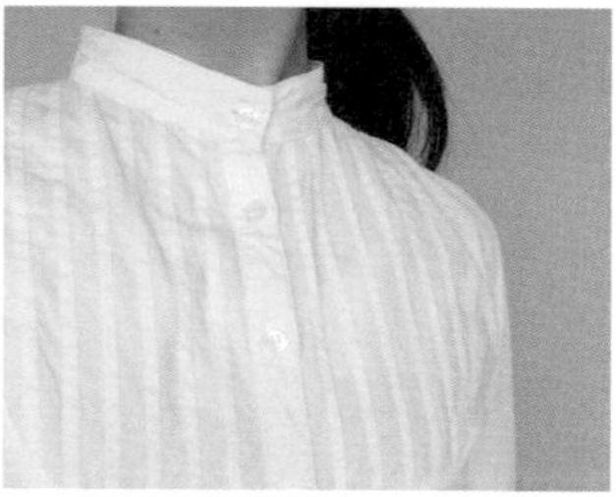

白色高領襯衫

穿了 10 年，泛黃清不掉。

荷葉邊袖襯衫

讓手臂顯粗。

春季風衣

只有春天能穿，剪裁也不合身。

綠松色百褶裙

以現在的年齡，不適合穿膝蓋以上的短裙。

黑色工作褲

喜歡剪裁，但是不合目前的體型。

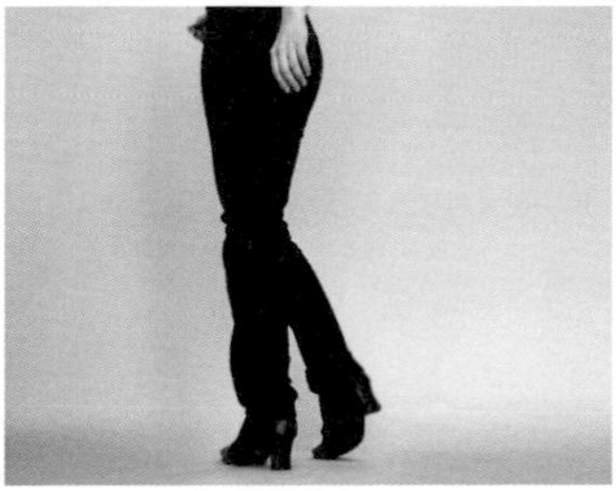

黑色修身褲

顏色太黑了。

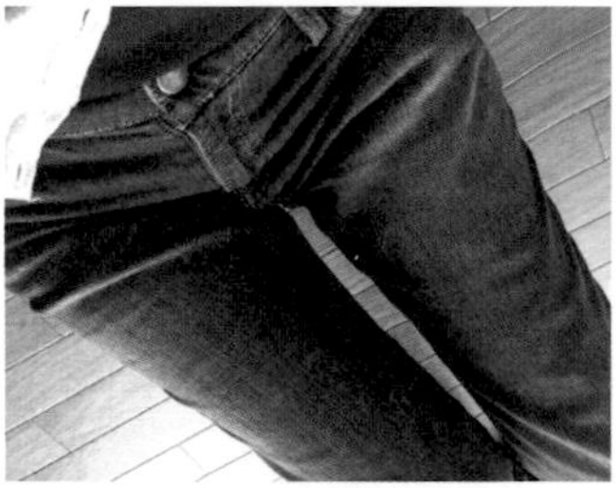

牛仔褲

坐下時，膝蓋部位布料會凸出一塊。

植物圖案的洋裝

讓手臂顯粗。

紫色百褶裙

穿完後一定得燙。

就算是「基本款」，也要逐年更新

最近更新的針織外套

經過體型診斷後，發現以前愛穿的針織外套其實不太適合我。所以就把金色換成銀色、圓領換成V領、短版換成長版。

我是「更新派」的極簡主義者

我曾經在大量淘汰衣物的時期，完全不管當下的流行元素，只穿所謂的基本款，結果發現，我還是很喜歡挑衣服、找衣服。

有些極簡主義者為了省下挑選衣服的時間，選好固定的基本款後，接下來十年就會只穿這些款式。但是，我並不是總喜歡穿同樣的白襯衫，會實際試穿之後，決定自己適合哪一種白。這種尋找更好選擇的工夫與時間，對我來說是一種享受。

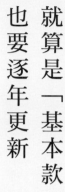

繪里沙の選物提案

「不變」有時會造成不便，
最棒、最適合的基本款，
未必會一直都適合你。

更新自己的基本款

擁有自己的基本款，可以有效地將每天挑選衣服的壓力降到最低，又能穿得自在。但是想法、體型、時代與環境都會改變，這時候，「不變」就可能變成「不便」。擁有最佳防寒功能的材質，並非永遠都是最好的，足以代表自己的事物，也會隨著自己的改變產生變化。

曾經最喜歡的剪裁，隨著體型改變，也會逐漸不那麼適合自己。因此，即使找出了專屬自己的基本款，我仍會時時更新款式。

我會更新的不只有衣物，還包括髮型與想法。常聽人家說，年紀愈大愈頑固，所以我想常常「更新」自己的腦袋，一直保持成長。

直接吊掛，是最佳的衣物收納

洗好後吊掛起來，省下摺疊的時間

不僅能把衣物迅速收納進衣櫃，洗好的衣服也不會堆滿房間。

衣服曬乾後，直接掛進衣櫃最輕鬆

我平常會把全部的衣服都吊掛在衣桿上。搬家前，我有一組很喜歡的木製衣桿，不過現在的衣櫃本來就附了衣桿，就把原先的衣桿處理掉了。

直接把衣物掛在衣桿上的理由非常簡單——

☑ 省時又省力：洗好曬乾後，直接掛進衣櫃就好。

☑ 不會產生皺褶或摺痕。

☑ 一眼就能看出自己有哪些衣服。

而我吊掛衣物的順序是這樣的——

↓左側為睡衣。

↓右側為穿過、但還沒洗的衣服

繪里沙の選物提案

打造出能「快速收好」的環境，是保有空間清爽的訣竅。

↓中間由左至右，依序是：薄質親膚型上衣，然後是褲子、裙子或外套

以我現有的衣物數量，幾乎不會遇到沒地方掛的情況，也不怕衣服放著一直沒穿。再加上，每一件衣服都很常穿，所以不怕灰塵累積。

穿過一次的衣服，該如何收納？

褲子、裙子和外套這些衣物，會穿過幾次之後才清洗，所以就掛在衣桿的右側，和其他衣物拉開一點距離，保持通風。如此一來，也不怕從戶外帶進來的髒汙碰到乾淨的衣服。衣桿的空間不足時，可以掛在房門後，等溼氣與氣味都散掉後再收進衣櫃。冬季時，外套則可掛在玄關附近的衣桿上。

只有化妝水和凡士林的極簡保養

基本上只用化妝水，
想保溼時會使用凡士林

（左）化妝水。我曾聽說，如果一直用同樣的保養品會對肌膚失效，所以沒有使用特定品牌。（右）凡士林。額外裝在小容器內，以便攜帶。

完全不用保養品的肌膚「斷食」

我以前對「肌膚斷食」很有興趣，這是一種保養方法，過程中完全不使用美妝品，讓肌膚得以發揮最大作用。我讀完宇津木龍一撰寫的《不用保養品的美肌術！》後，就展開了「肌膚斷食」。書中讓我印象特別深刻的觀點有這幾項：

☑ 僅藉水的流動清洗臉部。
☑ 還有少許殘妝也不必介意。
☑ 將肌膚貼在鏡面上，確認自己的皮脂量。

因此，我決定挑戰七十天的肌膚斷食，結果發現保養肌膚的重點，在於「不要過度摧殘肌膚」。

繪里沙の選物提案

好好選擇多用途的基礎保養品，
不用瓶瓶罐罐，
也能夠維持健康的肌膚。

護膚只要最低所需的程度就好

體驗過肌膚斷食後，我連平常的肌膚保養與化妝，都活用了相同的思維——

☑ 早上只用冷水或溫水洗臉（不使用熱水）。

☑ 洗臉只用無添加也無香精的肥皂（卸妝產品會傷害肌膚，所以我使用的化妝品都是用肥皂就能洗掉的）。

☑ 沒有化妝的日子，夜晚也只用冷水或溫水洗臉。

☑ 用凡士林護唇（能夠完美保溼的可靠聖品）。

覺得化妝水不夠時，就用凡士林加強保溼（沾取大約棉花棒頭的量，用手推開後再輕輕抹在肌膚上）。

最終武器：馬油（想要促進血液循環或加快傷口恢復速度時使用）。

光是這麼做，就讓我的膚況好得不得了。

用途廣的基礎保養品

☑ 無添加也無香精的肥皂。

☑ 化妝水。

☑ 凡士林。

☑ 馬油。

肥皂可以洗毛巾或身體，必要時還可以代替洗髮精。凡士林除了護唇之外，還能做好整體肌膚保溼。長痘痘、燙傷或皮膚乾裂的時候，就是馬油的登場時機。選擇用途廣的基礎保養品，能夠大幅減少瓶瓶罐罐的數量。更何況，愈簡單的保養，愈有助於提升美肌力，當然要好好運用這個原則！

真的需要每天使用沐浴乳和潤髮乳嗎？

浴室裡的用品

只有無添加、無香精的肥皂和植物性洗髮精，打掃起來很輕鬆，能一直保持整潔。

試試看能改變髮質的「洗髮皂」

一般洗髮精與潤髮乳，容易破壞我的頭皮，所以就挑戰了洗髮皂，但是洗完後，頭髮變得很乾澀，只好放棄。經歷了反覆的挑戰與放棄，在某一次長達半年的嘗試後，髮質變得光滑又柔順，過去十年以上的乾燥髮質，簡直就像從未存在過。

而我當時改善髮質的方法是這樣——

☑ 使用無添加也無香精的肥皂 → 減輕洗髮皂特有的澀感。

☑ 洗髮前與洗髮時都會梳頭髮 → 梳掉造成髮質又黏又澀的肥皂成分。

☑ 用檸檬酸自製潤髮乳 → 用完肥皂後呈鹼

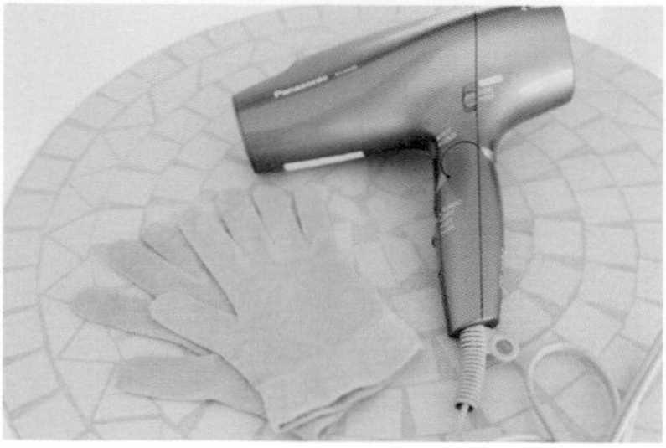

「al-phax」的潤膚絲質睡眠手套

絲質的成分與人體皮膚相近，具有保溼效果。所以除了睡覺時使用以外，也建議在吹頭髮時使用。

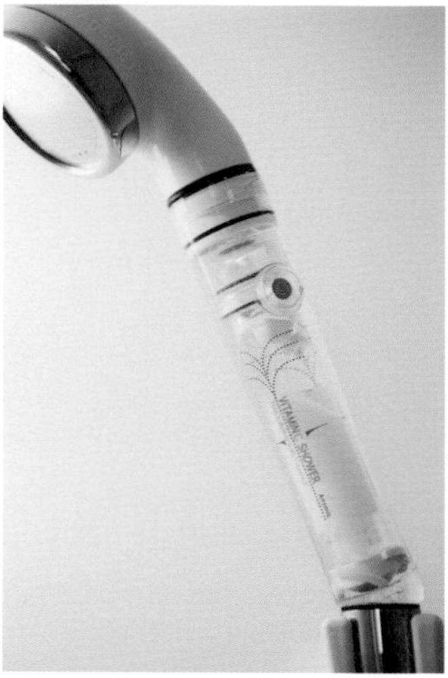

「arromic」的 ionic C 蓮蓬頭

蓮蓬頭添加了顆粒狀的維生素 C，可以明確的判斷何時該更換，更換起來也很簡單。

性的髮質，會透過檸檬酸變成酸性，使毛鱗片緊閉後，即可消除澀感。

用清水洗澡，心情會更輕鬆

另外，還有更簡單的方法，那就是挑戰「只用清水洗」，也就是只用熱水、不用清潔產品洗頭。不使用洗髮產品除了很環保之外，對頭髮與頭皮的負擔也很少，最重要的是，當已經很疲憊的時候，只要一想到「晚上用熱水沖一沖就好了」，心情也會跟著變輕鬆。既然都不用洗髮產品了，我開始考慮乾脆也不要用檸檬酸潤髮了，這時候，我發現了一款蓮蓬頭「ionic C 蓮蓬頭」。

ionic C 蓮蓬頭能為水流添加維生素 C，清除對肌膚與頭髮造成傷害的氯，幫助肥皂起泡。實際使用後，發現這是很棒的產品！維生素 C 的效果讓頭髮沖得更乾淨，就連長髮也能一下子就用

繪里沙の選物提案

當很累的時候，
一想到只要用熱水沖澡、洗頭，
頭髮和心情都輕鬆起來了。

梳子梳開。

最近除了只用熱水清洗外，有時也會使用洗髮產品與護髮產品；這次我找到了成分與香氣都很溫和的植物性洗髮精，用了這款洗髮精後，我的頭皮不再粗糙，還會散發出持久的淡雅香氣，所以想要為頭髮增添香氣時就會使用。

潤膚護手套的另一項功用

另外還有一項吹頭髮時很好用的商品，那就是手套。我冬天時會戴手部保養用的「潤膚睡眠手套」防止手部乾燥，有時也會在吹頭髮時用，藉此避免吹風機的熱風直接吹到手部肌膚。此外或許是因為手套會吸收水分的關係，頭髮也更快吹乾了，可以說是令人開心的附加作用。

運用多功能的簡單化妝工具

基本化妝用品

從左邊起，分別是「KATE」的 CC 霜、凡士林（分裝到小型容器）、「etvos」的 Dear 礦物粉餅、粉底和臉部 KABUKI 刷具、眉筆；「CHIFURE」的漸層眼影、「資生堂」的 INTEDRATE GRACY 腮紅、「Leanani」的眼線液、「芳珂」的刷子、百圓商店的鼻影＆睫毛夾。

多方運用化妝工具的技巧

我的妝容分成「素顏」、「淡妝」、「自然妝」與「濃妝」這四種程度，日常以自然妝居多，參加派對之類的活動才會化到濃妝。平常使用的化妝用品如上圖，如果我再捨棄一些堅持的話，應該可以再減量一些。但是工作有時會需要上舞台，得要畫鼻影，此外濃妝時也需要眼線，所以對我來說，基本所需的化妝用品就是這十二個，分別是礦物粉餅、粉底、鼻影、眼影、眼線、眉筆、有色唇膏、凡士林、睫毛夾與兩支刷子。

但是我不可能隨身攜帶全部的化妝工具，如果可以多方運用化妝用品的話，就算外出旅行想

繪里沙の選物提案

相較於高不高級，
更重要的是用起來舒不舒服。

化濃妝，也不須帶太多工具。以下就是我自己想出來的小技巧——

☑ 不帶眉筆↓用眼線筆輕畫眉毛較薄的地方與眉尾後，再以褐色眼影暈染開。

☑ 不帶鼻影↓在鼻側輕畫褐色眼影後，再用指腹抹開。

☑ 不帶腮紅↓手沾粉紅色的眼影或唇膏塗抹，想要霧一點的效果時就輕輕疊上一層粉。

☑ 化妝時不要侷限於既有觀念，想辦法以某種用品代替其他用品，就能夠減少必須攜帶的物品量。

chapter

02

讓家中清爽、有空間的提案

3坪房間＋共用空間的極簡生活

白色畫布般的自由客廳

我和分租公寓的同事會共用這個客廳，有時候必須在這裡攤開所有工具、在此作業，所以白色地板上不放任何難以挪動的家具，以便自由運用白色地板。

從爆滿四房，到兩個清爽房間

我和同事原本分租一棟屋齡超過三十五年的住宅，打造成住家兼工作室。除了共同作業會用的餐廳外，還有各自的臥房、鋪設榻榻米的和室，是一間有四個房間、客廳、餐廳和廚房的房子。有時其他同事也會過來，所以也留了四輛車的停車空間，非常方便。

但是在北海道，冬天除雪很麻煩，我決定清點現有物品的數量，最後發現，我只需要兩間房間，加上客廳、餐廳和廚房即可，於是便搬離了這棟住了四年的家。新家與舊家不同的地方在以下幾點——

將層櫃打造成站立辦公桌

我將桌機換成 MacBook 後，就能輕鬆地帶著到處走，因此使用站立辦公桌能提升效率，工作起來更加順利。

- 獨棟住宅↓公寓。
- 四房↓二房。

至於相同的地方，則有這些——

- 同樣是住宅兼工作室。
- 兩人分租。

雖然我當時已經丟了一批東西後才搬家，但是將行李運到新家時，還是忍不住感到驚訝：「竟然還有這麼多東西……」畢竟，放在自己房間的東西，很容易因為習慣就視而不見。透過搬家的機會，我終於得以客觀檢視這些物品，並清掉了許多不需要的東西。

全白住家空間的打掃優點

可以停兩輛車、離車站步行距離十分鐘以內、不必除雪……等，我詢問了分租同事的意見，列出工作室的必要條件後，就開始找房。這些條

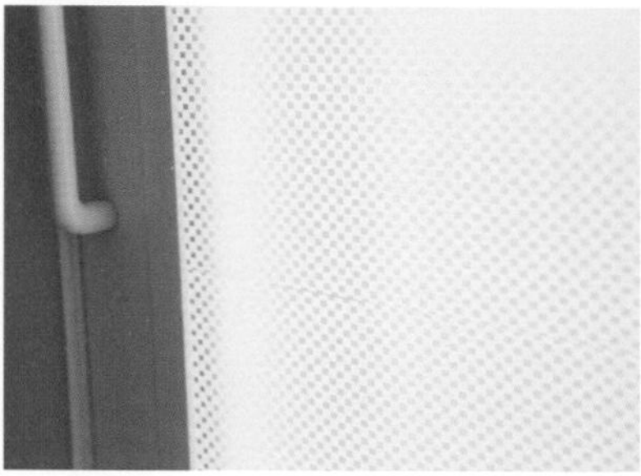

比窗簾更能維持空間清爽的品項

（左）布簾軌道纏上了假的藤蔓。（右）整面窗玻璃都貼了窗貼（可以撕掉的類型），在攬入柔和光線之餘隔絕外界視線。

件中，我開了一個任性的條件，那就是「白色地板」。擁有白色牆壁與地板的「白色空間」，簡直就是一幅白色的畫布。

空間愈是簡約，運用起來就愈靈活，也讓人盡情想像空間的運用方式。此外，地板是白色的話，就算只掉一根頭髮也很明顯，看到時快速掃一下，就能夠讓空間隨時保持乾淨。

打造機動力十足的「站立辦公桌」

我的新房間不到三坪，但是足以擺設摺疊床和工作用具專用架了。共用客廳擺了張圓形磁磚桌、折疊椅和一個白色層櫃。白色層櫃和牆壁幾乎融為一體，一點也不明顯，使空間看上去相當清爽。但是全白的層櫃稍嫌單調，所以就以單色調的藤蔓貼紙裝飾。我直接用層櫃充當電腦桌，會站著迅速查點資料。

繪里沙の選物提案

思考所有的家當和工作所需物品，住家空間夠用就好。

同時保有隱私和清爽感的秘密武器

我喜歡早上在自然光照拂下醒來，但是窗邊只有一面蕾絲窗簾的話，夜晚則太透明了，有些傷腦筋。因此，我便在窗戶貼上市售的霧面窗貼，如此一來，雖然白天能夠攬入柔和的光線，卻能夠遮蔽視線，無論白天或晚上，都不必擔心被看光光，視覺效果也比裝設布簾清爽許多。

這棟房屋的客廳裝有布簾，我的房間則是白色捲簾，不僅能阻隔冷空氣，還可以當成工作用的氣球作品拍照布景，相當方便。

失去作用的布簾軌道，就算拆掉也沒地方收納，所以我乾脆纏上假藤蔓裝飾。種植物需要花時間照顧，用假藤蔓的話，就能夠輕易地為居家增添自然氣息。

收納，是讓生活留白的技術

讓收納櫃留有三分空間

層櫃中平常什麼都沒放，只有使用電腦時會擺些必要資料，要拿給其他人的東西也會暫時放在這裡。

東西不會消失，只會滿出來

相信大家都玩過俄羅斯方塊，方塊在集滿一列時就會消失。太過著迷於「塞滿」收納的話，抽屜內在看起來就會像在玩俄羅斯方塊。

但是就算像俄羅斯方塊一樣，整齊地擺滿各種物品，現實中，這些物品是不會消失的。要是將物品塞得剛剛好，只要多了一項需要收納的東西，就會沒地方放。毫無空隙的收納方式，會增加拿出來的困難度，使用頻率自然會下降，最後只能蒙塵。

繪里沙の選物提案

乍看浪費的空間留白，
才能讓生活有流動的餘地。

記得，別用東西填滿空隙

與其像俄羅斯方塊一樣，把收納箱、櫃塞滿物品，不如努力讓收納空間常保「留白」的餘地，才能最有效率的使用。以我為例，擺在衣櫃裡的整理箱，平常都會有兩三個是空的，客廳層櫃也會保持淨空，以便必要時能夠暫放物品。

這是個不刻意思考，身邊物品就會愈來愈多的時代。想要讓收納空間保有留白，不是增加收納空間，就是持續將自己的現有物品減量。我在將物品減量的時期，奉行的三大購物規則如下，給各位做為開始減量的參考：

（1）猶豫不決的時候，就不買（參照P140）。

（2）買一個，就要丟兩個（參照P142）。

（3）想買的東西，考慮一個月左右再下手。

維持「留白」收納的技巧

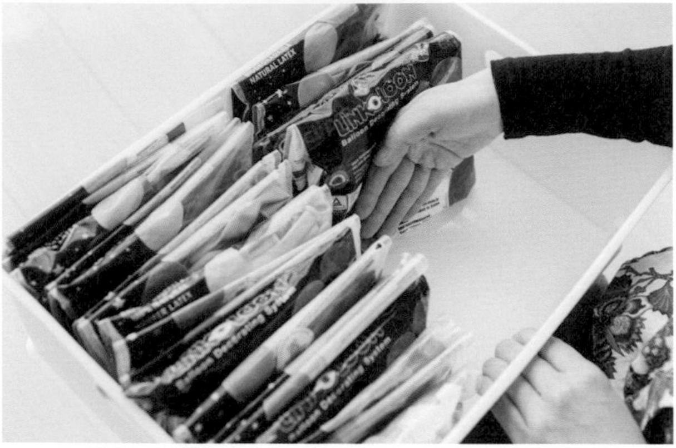

數量會依季節變化的物品採流動式收納

氣球的材料依照顏色和形狀，分別收在不同抽屜，會比較好管理，但是需要的空間卻是現在的三倍。我依照季節分類氣球後，以袋子區隔，打造出流動式收納。

維持空間清爽的三大巧思

前文的介紹以我的私人空間為主，這一篇則是關於我的工作室空間和工作用的物品。

我目前經營「氣球魔法使株式會社」，使用氣球表演或是裝飾場地。長期合作的工作人員，都會聚在這個住宅兼工作室的空間。雖然我另外設有辦公室，但是氣球的打氣設備與氦氣等等工作用品都放在這裡，大型活動前也會在這裡做事前準備，有時整個空間都擺滿了氣球。

儘管如此，我會用以下三個方法，盡量維持空間的清爽：

繪里沙の選物提案

清爽的空間，
能夠在忙碌時讓心靈更輕鬆。

（1）將擺在平面（地面）的物品減到最少。
（2）採機動式的收納法。
（3）貼上標籤。

我盡量運用吊掛、或是收進衣櫃裡等收納方式，減少擺在地板和架子上的物品數量，就能縮短清掃灰塵的時間。隨著季節增減的氣球材料，則會分裝成數個小袋子，隨時可以調整收納的區隔，我稱這樣的方法為「機動式收納法」，相當方便。

此外，多人共用的抽屜則會貼上標籤，如此一來，不用打開抽屜或蓋子就知道內容物，有助於縮短尋找時間，也能避免收納在不同人接觸下亂七八糟。

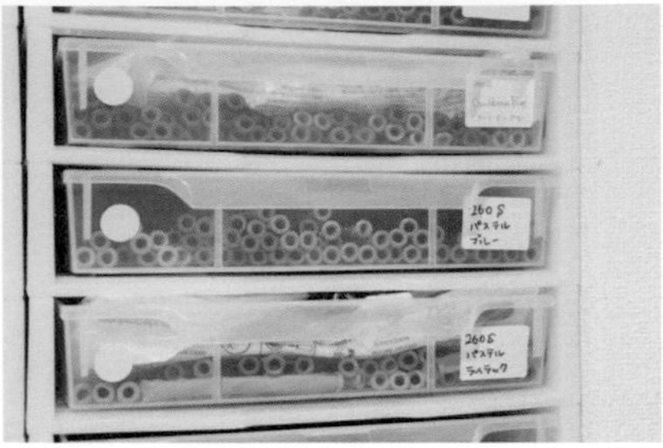

多人共用的抽屜，貼上標籤更好找

玄關旁的鞋櫃裡，收納的都是氣球材料。我運用百圓商店買來的 A4 文件收納盒，與鞋櫃組合成抽屜櫃後，再貼上標籤加以管理。

最忙碌的時候，也能維持乾淨嗎？

適當的物品所有量因人而異，我在思考自己的適當所有量時，是以「能否在最忙碌時維持乾淨」為標準。要是忙碌時有東西散落在外，我就會反過來思考，這些東西是否已經超出我的適當所有量。

忙碌時空間還很亂的話，出門前的準備就會更花時間，有時還會找不到要用的東西，根本是火上加油（但是就是因為忙，家裡才會這麼亂……）。

這時候，正是確認自己的適當物品所有量的好機會，只要把滿出來的部分清掉就可以了。

先從「對齊物品」開始，打造整齊的氣氛

我記憶中的祖父是位穩重幽默的人，同時也

繪里沙の選物提案

光是「對齊」，
就能夠影響整個空間氛圍。

是「捨不得丟東西」的人，所以有很多的東西。

但是不知為何，祖父卻散發出乾淨俐落的氣質，我想是因為他「只留自己管理得了的物品數量」。祖父會依日期存放廣告單，小小的螺絲和五金，也各有專門的收納位置，每一個物品都好好地擺在相應的位置。

我管理物品的能力不像祖父那麼優秀，但是卻有一點很相似，那就是「對齊」。祖父會依桌子的邊緣水平、垂直擺放報紙或筆，現在的我完全可以理解祖父的心情。光是這樣對齊擺放的話，整個空間的氛圍就截然不同。祖父的身教，至今仍深深地影響我的舉止。

幫物品選擇更好的去處

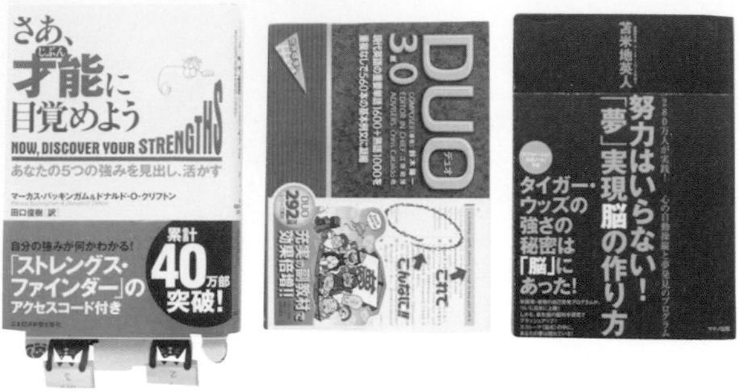

目前正在閱讀的 3 本書

由左至右分別是《來吧，喚醒才能——找出並活用你的五大優勢》（日本經濟新聞出版社）、《DUO 3.0》（ICP 出版）、《不需要努力！打造「夢想」實現腦的方法》（Makino 出版）。我會買的書籍，主題通常是生活哲學，或是能提供圓夢靈感的書。中間這本書是為了學英文買來反覆熟讀的，這本書會用句子自然帶出常用的單字片語，非常好學。

認為好看的書，就別藏在書櫃裡

把每一本書分開來看，體積都很小，卻會在不知不覺中占領整個房間。我認為就算追求極簡生活，只要做好管理就不用太講究藏書量。但是將書丟在角落不管，卻是非常浪費的一件事。書遭遺忘而蒙塵，放在黑暗的角落無人去讀，就這樣安靜沉睡……

書對我來說不是私有物，更像是天賜的禮物，所以：

☑ 讀完之後，想介紹給誰的話，就會直接送給這位更適合的人。

☑ 讀完之後不喜歡的話，當然就直接賣二手

繪里沙の選物提案

書有改變人生的力量，所以不想單純收藏，希望把書分享給身邊的人。

書或捐出去。

☑ 日後還想再讀時，再重買一本就好了。

我不會把讀完的書留在身邊，只留下確定會反覆閱讀的。特別喜歡的書，則會多買幾本送人，送書的時候也會特別告訴對方：「讀完後，要賣掉、捐出去或送人都無妨，請隨意處理。」相信收到的人心情也會比較輕鬆。我遇到好書的時候，就會希望讓這本書在世界各處流動。

＊以前曾經買3本以上送人的書：
《驅動人》（創元社）
《淨化靈魂的唯一方法》（角川書店）
《可愛的傻瓜物語》（HS）

每天都會用到的物品

（左）我現在只留這兩頂帽子，上面是工作時要用的帽子，下面則是私人活動時用的。（右）我在閱讀時，會用便利貼標記喜歡的內頁、句子以及重要的資訊。如此一來，想到時就能立刻回顧。（參照 p.136）

喜歡的物品，就要常常使用

對我來說，帽子和書一樣，都非常重要。我第一次得到喜歡的帽子，是國小的時候，父母在聖誕節時送了我想要的綠色貝雷帽，隨著歲月流逝，現在我曾擁有過很多頂帽子，包括創作者獨一無二的作品和訂製品，手上最多同時有八頂帽子。但是光憑我自己是無法活用這些帽子的，所以就秉持著「嫁女兒」的心態，送給其他氣球藝術表演家；這些讓其他人活用的帽子，似乎也散發出了喜悅的光彩。

將完全不用的物品，毫無保養地丟在某處，會讓我覺得這是「死物」。就算覺得「以後可能會用」，但是那個「以後」什麼時候會到來呢？大部分的物品都會隨著時間過去而受損、變舊、貶值，既然如此，不如送給馬上就會使用的人才是正確的。

繪里沙の選物提案

「總有一天會用」是很不負責任的想法，放在角落不用，就等於是抹煞了物品生存的價值。

「擺著不用」也是一種浪費

我在淘汰東西時，首先會考慮「送人」、「賣掉」或「捐贈」，不得已時才會選擇「直接丟掉」，這麼做能夠緩和自己對丟棄物品時感到「浪費」的心情，也才能夠更直接地放手。仔細想想，要是一直擺著不用，就會同時「浪費」物品、時間與空間，想通之後也會更加珍惜留在手邊的物品。

把物品減量之後的現在，我身邊的東西都是會不斷使用的「活物」，完全改變了居家和工作空間的氛圍，就像親手打造出了能量景點。

沒有瀝碗架和水槽廚餘桶的生活

不放多餘物品的清爽廚房

我沒有用瀝碗架，只有一個可以橫跨在流理台上的平面瀝水架。也沒有用放在水槽旁的三角廚餘桶和洗碗盆，所有的烹飪用具也都收在抽屜裡，所以廚房隨時都很清爽。

你真的需要瀝碗架嗎？

餐具洗好後，我會直接擱在流理台上的平面瀝水架，不會再另外使用瀝碗架。搬家前有段時間我會用吸水墊，但是瀝水架還是比吸水墊好用多了。

不過，每個人的實際需求各不相同，還是要依據各位自身的生活型態選擇使用哪一種，以下是我認為這幾個流理台品項的特色，希望能幫助大家作出選擇——

〈瀝碗架〉

可以讓盤子或筷子和湯匙類直立擺放，就算放很多餐具也不會塌掉。相反的，不用的時候會

比三角廚餘桶方便又衛生

用廣告單折成的垃圾盒，用過就可以丟掉了。氣球藝術教室的學生知道我平常會摺垃圾盒，也送了我很多廣告單。

很占空間，洗起來也比較麻煩。

〈吸水墊〉

不用的時候不占空間，要清洗也只要丟洗衣機就好了。但是沒辦法將餐具直立起來瀝乾，放太多的時候看起來也要塌不塌的。

〈平面瀝水架〉

餐具的水會直接滴到流理台，不必像吸水墊一樣還得擰乾，髒了也只要用溼抹布簡單擦一下就好。但是和吸水墊一樣，當餐具一多的時候就不太方便。

用紙製垃圾盒代替三角廚餘桶

我沒有在用三角廚餘桶，因為這種東西放著不管的話，一下子就髒了。光是不用清理三角廚餘桶，就讓我的心情輕鬆許多。取而代之的則是用紙摺成的垃圾盒，這是幼稚園時祖母教我摺的，

光是少了排水孔栓，
就顯得清爽的空間

清除體積小卻很礙眼的物品，
能夠帶來莫大的清爽效果。

我一直運用至今。

蔬菜皮或菇類帶土的根部等廚餘，分門別類丟進紙製垃圾盒。而且要丟掉的時候，垃圾盒也已經幫忙吸走適度的水分了。

除了蔬菜類的廚餘外，剪指甲時（包起來丟掉）、秤食材重量時（幾乎沒有重量的容器）也都很好用，充分展現了拋棄式紙盒的方便性。

其實很不好整理的浴室踏墊

以前我總認為浴室踏墊是必備用品，但是踏墊都很厚，夏天要放在通風的地方晾乾，冬天則得在暖爐前不斷翻面烘乾，因為體積的關係，也不能和其他衣物放入洗衣機清洗，所以乾脆不用。自從不再使用浴室踏墊後，發現了以下幾個優點：

繪里沙の選物提案

問問自己，這些曾經覺得理所當然的東西，是不是真的必要？

☑ 省下了讓踏墊乾燥的時間。
☑ 衛生狀態極佳的空間。
☑ 單獨送洗的費用。

雖然洗完澡要花時間好好把腳擦乾，但是考量到省下的時間、空間與花費，就覺得相當划算。

拆掉洗手台的排水孔栓，讓畫面更清爽

放在洗手台的都是必要物品，沒有東西可以再減量了……在我這麼以為時，卻發現了新的減量目標——

（1）儲水時用的附鍊條排水孔栓，
（2）連接鍊條的吸盤掛勾。

兩個都拆掉後，並沒有造成任何的不便，需要時再從洗手台下方的收納空間拿出來用即可。

我跳脫了「當然要有」這種先入為主的觀念，只留下對自己來說真正需要的物品。

只要換個顏色，就能改變氣氛

把鏡子的邊框
改造成白色

只是將鏡子的黑色邊框塗成白色，整個空間的氛圍就變明亮了。

挑戰鏡子大改造

我想要一面穿衣鏡，但是受限於「想買東西時得考慮一個月」的規則，就暫時先放著沒買。某天，我忽然注意到原本掛在玄關牆面的鏡子，就立刻搬到房間試試看，結果因為鏡子的黑色邊框，讓整個房間增添了一股沉重的氛圍……於是，我趁著天氣好的時候挑戰鏡框改造。

我準備的是三公分寬的刷子、白色壓克力顏料、五十公厘寬的紙膠帶、塑膠容器的蓋子與抹布。除去等待顏料乾燥的時間，總共只需要三十分鐘。試著立起換新顏色的鏡子後，整個空間就變得更明亮了！

鏡面很乾淨，但是黑色邊框卻令人感到沉重疲累。我跳過了批土等細部工程，直接就開始上色。

沿著與邊框相接的鏡面貼上紙膠帶後，塗上以水稀釋過的壓克力顏料。

第三次塗裝試著用沒稀釋過的顏料，結果濃稠程度剛剛好，刷毛痕跡帶來的手作感也恰到好處。接著拆掉紙膠帶，等顏料乾燥後就大功告成了。

繪里沙の選物提案

「活用現有的物品」，也是一件愉快的事情。

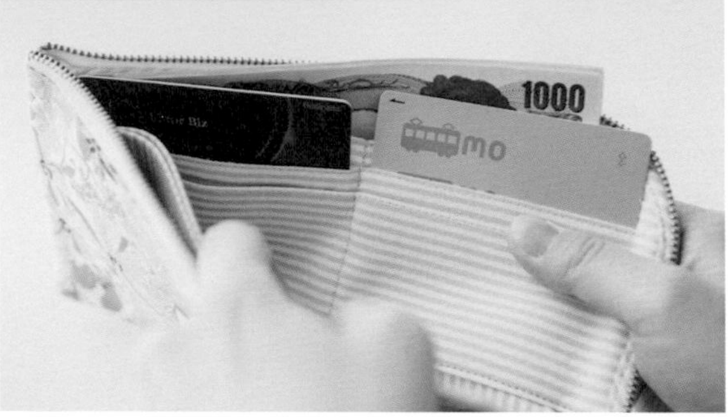

依據自己先設定的錢包條件，
找到了喜歡的品項

我的錢包是自己挑選了喜歡的布料，請人手工製作的理想錢包。不僅能完美收納我在公私兩方面的必備品，厚度也不到一公分，放在包包裡一點都不占空間，實用度也很高。

先設定好條件，才能一次選到想要的東西

兩大設定：不要厚重、多功能

我在找新錢包的時候，一開始沒有特別的想法，結果每個都覺得不錯，但是也注意到每個錢包都有讓我猶豫的缺點。因此，我先列出自己希望的錢包特色，想找到符合這些條件的錢包。

☑ 不希望鈔票有折痕↓長夾。

☑ 不要太占包包的空間↓厚度不到一公分。

☑ 一個動作就能拿出鈔票與零錢↓L型拉鍊。

沒想到找了一年，卻遲遲找不到完全符合條件的錢包。幸好，後來找到了理想中的皮製錢包，

繪里沙の選物提案

不帶任何想法挑東西時，
每一個看起來都很棒，
但是其實沒有一個會讓自己滿意。

後來又發現同形狀、材質更輕的布質錢包，於是就乾脆挑選喜歡的布料，請手工藝家代為製作。完成後的錢包完全實現了我的理想，讓我非常滿意。中間還有將公私分開的隔層，非常方便。

錢包收納的物品

我固定放在錢包裡的東西，有一張公司卡、「PASMO」、駕照、保險卡和信用卡，共五張，鈔票和零錢分開收納。雖然放得相當齊全，拉上拉鍊後的厚度卻只有一公分！商店的點數卡則另外收納，預計要去的話才會放進錢包裡，回家後也會馬上掏出收據整理。我平常幾乎都用信用卡付款，用現金支付時也會盡量把零錢用掉。

暫時外出和過夜旅行，包包內容物都相同

平常隨身攜帶的包包內容物

化妝包（裡面放護甲用品、護唇膏等）、錢包、袖珍包面紙袋、手帕，就算在黑暗中摸索，也能立刻抽出需要的物品。

平常放在包包裡的物品

我試著將外出購物或用餐時，或是工作時帶到會場的包包內容物擺出來，結果如下：

☑ 化妝包。

☑ 數件護甲用品（工作性質必備）。

☑ 有色唇膏（我沒有口紅）。

☑ 凡士林（分裝在小容器中）。

☑ 中藥（感冒時要吃的「葛根湯」、聲音狀況不佳時要吃的「響聲破笛丸料」）。

☑ 錢包。

☑ 袖珍包面紙袋（內側的小口袋裝有ＯＫ繃與髮夾）。

繪里沙の選物提案

將包包保持輕盈，讓人覺得不管多遠的地方都去得了。

☑ 手帕。

此外還有鑰匙、名片盒與iPhone。我從一年半前開始不再攜帶手帳，改用APP管理行程（參照P106），因此包包又少了一本手帳的重量。錢包與袖珍包面紙袋是分別請不同的手工藝家製作，兩者都是獨一無二。

將包包裡的東西都擺出來後，可以發現幾乎都是有圖案的。我一方面追求全白的生活空間，一方面也很享受豐富顏色交織出的樂趣。

每天回家後，我都會拿出包包內的所有東西，首先整理錢包中的卡片與收據類，然後放進通風的籃子裡（如果要連續使用同一個包包時，就未必會全部拿出來）。如此一來，就能夠迅速整理要帶出門的東西，還能夠隨時檢視隨身物品。

繪里沙の選物提案

不可或缺的「必備品」愈少，
旅行包的內容物就能愈精簡。

兩天一夜的行李也很精簡

兩天一夜要用的行李，也只要大約放得下A5手帳的包包就裝完了。這時的包包裡，除了每天攜帶的東西外，還會視情況放入化妝用品、換洗衣物等。我有很多讓行李減量的方法，例如：

☑ 事前確認飯店內可以借到的物品。
☑ 依天數攜帶適量的保養品。
☑ 放下堅持。

大部分的飯店都有提供睡衣、梳子與盥洗用品，有時還借得到iPhone的充電器。再來就是盡量減少「不可或缺的必備品」就好。帶著就算飯店沒有適用的沐浴乳時，只用熱水沖洗也無妨的心情，就能夠有效減少行李量了。

春季兩天一夜旅行時的行李

右邊是穿去的衣服，分別是黑色罩杯式小可愛、長版針織外套、預備用的丹寧彈性緊身褲，有需要時還可以當睡褲使用。這些用可放入 A5 大小手帳的包包就裝完了。

其他季節

除了平常攜帶的物品外，還有化妝用品（礦物粉餅、腮紅、眼影、睫毛夾、眼線液、鼻影、刷具、一次量的化妝水與乳液）、替換用的隱形眼鏡、眼鏡、iPhone 的充電器、長袖 T 恤、更換用的內衣褲。

可以用上十年的選物

印花手提包與
Sirotan 抱枕

（上）要價四千日圓的海豹 Sirotan 抱枕，原本穿著烏龜裝，但是直接抱著 Sirotan 本體就很舒服，所以就把它的烏龜裝拆下丟掉了。
（右）兩天一夜的旅行袋，用這個包包就夠了。

與隨身物品很契合的包包

展開簡單生活之後，現有的物品數量就持續減少，儘管如此，我還是有用了十年以上的東西。能用這麼久都是有原因的，像是直到現在還很愛用的印花包包，原本是拉絲燈心絨材質，很適合冬天使用，但是用久之後拉絲的設計就消失了，形成不同的新魅力，且一年四季都適合。這個包包最讓我滿意的地方有以下幾點：

☑ 圖案百搭，要搭西服或和服都沒問題。
☑ 由豐富顏色組成，能更輕易與衣服顏色互搭。
☑ 每個顏色都使用沉穩的色調，不會太過搶眼。
☑ 能放進我的外出必需品。

繪里沙の選物提案

能夠長時間使用的物品，都有超越價格的理由。

☑ 堅固耐用。

一般的印象中，會以為印花包不好搭配，但是這個包包卻能夠輕鬆搭配各種穿搭，非常不可思議。一定是因為這個包包與我所擁有的物品相當契合吧！

療癒的抱枕

可愛的 Shirotan 抱枕，我也是用了十年以上，原因是：

☑ 抱著睡很舒服（雖然造型長這樣，但真的很舒服）。

☑ 可以清洗（整個丟進洗衣機也沒問題）。

☑ 堅固（布料與車工都很紮實）。

Shirotan 抱枕不是什麼高價品，但是能完全符合我的頭形，加上柔軟的觸感讓我非常喜歡，不管搬了幾次家，我都會選擇把它留下。而且 Shirotan 抱枕用得愈久、就愈符合頭型，愈用愈舒服。

日常所用的烹飪用具

不沾鍋材質的深鍋、成套的濾網碗、刨絲刀、矽膠調理匙、菜刀、調理筷，只要用有這些就能夠輕鬆做出兩三道菜。矽膠調理匙是無印良品的。

基本的廚房用具選物原則

能在各種場面派上用場的多功能用具

一週內，我自炊與外食的次數各半，有時也會與分租房屋的同事一起在家用餐。我只有七件調理用具，另外還備有微波爐與電子鍋，所以日常烹飪都沒問題。

深鍋可以水煮蔬菜或燉煮料理，煮出來的份量剛好是兩人份。此外還可以取代平底鍋炒菜，我也曾用來煎過荷包蛋。玻璃碗很適合微波爐料理，雖然只有一根矽膠調理匙，卻能夠兼顧豐富的功能。

繪里沙の選物提案

只要一個鍋子，
就能完成豐富料理。

別人送的「幸福調理匙」

前陣子才得到的矽膠調理匙，可以炒菜、舀湯，矽膠材質不會傷到鍋子的塗層，適度的彈性還能夠沿著鍋型刮菜，長長的握柄也不怕弄髒手，是非常方便的用具。

我從以前就很想買下這支調理匙，在自己設定的一個月購物心情熟成期間，有位透過部落格認識的朋友特別買來送我。當時是和點心伴手禮一起送到的。

這支調理匙本身就頗具價值了，再加上這樣的小故事就讓我更開心。如果是自己花錢買的話，就只是「普通的調理匙」，但是像這樣透過部落格交流得到的話，就成為「幸福的調理匙」了。

基本的餐具選物原則

實用又帶著故事的餐具

以飯碗、湯碗和白色餐具為主，馬克杯是陶藝創作者的手工製品，玻璃杯是汽球教室的學生（國小生）送的禮物，筷子是旅行紀念品，動物造型的湯匙＆叉子則是與當時同事一起買來吃點心用的。

以百搭任何料理的白色餐具為主

我一個人只要七件餐具就夠了，分別是飯碗、湯碗、漆木碗、平盤、大碗、小碗、玻璃杯與馬克杯。

除了飯碗與木碗外的餐具都是白色的，白色小瓷碗是從百圓商店買到，已經用了十年以上，線條簡單，盛上料理後自然就散發出時尚感。

平盤與裝湯用的大碗都是白瓷，無論中、西、日式料理都很適合，白色可以說是能襯托料理的顏色。

繪里沙の選物提案

包容力高的餐具，適合搭配各式各樣的料理。

珍惜緣分，只準備用得完的

器皿若能容納各式料理的話，只要準備少量、重複使用就很夠了。依料理選擇不同餐具是一大樂趣，但是與其為此擺滿整個餐具櫃，我更想珍惜與每一個餐具的緣分，只準備「用得完的數量」，才能夠活用每一件餐具。

手工製作的陶藝杯是我把帽子送給陶藝家後的回禮，有可愛黑貓的玻璃杯是氣球教室學生送的，有著漂亮紅黑漆對比的筷子是旅行伴手禮，由很照顧我的友人所贈。充滿童趣的湯匙和叉子，則是與朋友成對買的。

每一件餐具都帶著溫暖的回憶，因此每一次使用都能感受到幸福。

飲食內容，盡量選擇營養均衡

自炊時的一餐：一湯一菜

以糙米與白米各半捏成的飯糰（冷飯）和味噌湯，豆腐則與時蔬擺在一起。簡單的一餐，對我來說就足以攝取必要的營養。

我的日常飲食生活

早上的時候，通常會喝酵素飲料或吃水果，有時只會喝白開水。中午和晚餐以外食居多，飲食內容相當普通。

我本來會吃糙米飯或發芽發酵糙米飯，開始矯正牙齒後不方便咀嚼，就改吃糙米與白米各半的飯，並搭配味噌湯和一道主菜。

我的主菜以豆類（豆腐或納豆）和當季蔬菜為主，偶爾也會搭配魚肉或雞蛋。我平常會注意別吃過量，並選用健康的食材。雖然自己煮的時候很少吃肉，但是和親友外出用餐時的內容卻很

繪里沙の選物提案

比起每餐吃飽飽，少量卻足夠的餐點內容比較適合我。

普通，酒則是淺嚐就好。雖然我很少自己買零食，但是有收到禮物的話就會開心享用。

活用常備冷飯和調理包的簡單、省時自炊

之前看了健康報導，把飯放冷再吃，可以降低攝取的熱量，還有助於清潔大腸，因此就迷上了冷飯。原理是當米飯冷掉後，澱粉會轉化成不容易快速消化的「抗性澱粉」。早上會先煮好飯、捏成飯糰，留待晚餐再吃。冷飯比較有嚼勁，米飯的甜味也會更明顯，自從改吃冷飯後，也覺得體態變輕盈了。

今天的配菜是紅蘿蔔羹淋金針菇與炸豆腐。我在用深鍋炸豆腐的同時，用微波爐調理蔬菜羹，另外稍微切一下金針菇，再把紅蘿蔔刨成絲就好了，非常簡單迅速。另外再用熱水泡開市售的味噌湯包（湯粉與配料分開的類型），撒一些事前

最小限度的食材囤積量

將食材囤積量降到最低限度，才能掌握所有食材，不怕放到過期。香料蔬菜要趁新鮮時切好放冷凍，如此一來就能夠大幅縮短調理時間。

切好的蔥花。整頓飯相當樸素，但是回家後只要花十五分鐘就準備好了，以營養攝取來說，也很適合我的身體。我最喜歡吃豆腐，這是非常美味的一頓飯。

冰箱內部也很乾淨

平常固定備在冰箱的食材，只有雞蛋、納豆、牛奶製成的優格與一般的調味料，我不會先買菜回來放，而是會當天購買當餐吃得完的當季食材。蔥與紫蘇等香料蔬菜，則會先切好、裝入保鮮袋，再以冷凍保存。如此一來，想要輕鬆解決一頓飯時，只要在市售味噌湯包裡添加香料蔬菜，就能夠營造出「自炊感」，營養價值也更高，非常推薦忙碌的上班族嘗試看看。

買下它之後，自己會有所改變嗎？

繪里沙の選物提案

購物可以讓心情變好？
這是說服自己花錢的陷阱。

想有所改變，和購物無關

只有一個鍋子的廚房，就好像在告訴大家：「我不太煮飯。」但是並不代表買了一堆鍋具後，就開始會做很多料理。

然而，購物的樂趣遠大於改變自己，買書後就覺得自己變聰明了，買了帥氣的運動套裝就會想要運動，但是，只要自己不做出改變，就什麼都不會變。

既然決定了要買下、增加物品，就必須把這件東西當成改變自己的契機，並重視自己改變的決心。

chapter

03

讓生活保有空間的日常法則

資訊太多，一定要篩選

桌面上什麼都不放

我的電腦是十三吋的 MacBook Pro，常用的應用軟體，由左而右為 Mac 預設操作檔案與資料夾的「Finder」、輸入文章很方便的「TextExpander」、截圖瞬間就可以上傳分享的「Gyazo」、Mac 預設瀏覽器「Safari」、我主要在用的瀏覽器「Firefox」、主要用來和家人聯絡的「LINE」、Mac 預設的「日曆」、管理每天日程的「Reminder」、能聽音樂和英文會話的「iTunes」、便於縮小影像的「縮小專用 AIR」、有時會用的「計算機」、影像處理用的「illustrator CC」。

我的電腦桌面，只留一個資料夾

我的電腦桌面什麼都沒放，常用的應用程式全部放在工作列。電腦用得愈久，就會累積愈多照片、音樂和文字檔等等，電腦桌面容易塞滿了各種資料，但是我都用「Dropbox」雲端服務管理並整理檔案，不會存在電腦裡面。

活用雲端硬碟，存取檔案不受限

申請「Dropbox」的帳號會免費獲得 2GB 的儲存空間，有以下三大優點：

繪里沙の選物提案

隨時隨地都能用的網路服務，讓電腦生活更舒適。

（1）可以慎選存在電腦裡的資料。
（2）從手機或其他電腦也能打開資料。
（3）比存在電腦裡更加安全。

電腦的儲存空間（硬碟）塞滿的速度出乎意料地快，這時就會跳出「硬碟容量不足」的警告。將資料存在雲端的話就不會遇到這種壓力，而且想要運用檔案的時候，不一定要使用自己的電腦，換電腦的時候也能輕鬆存取檔案。

沒把檔案存在手邊或許會令人不安，但是相較於自己保護電腦不受災害或故障影響，我認為這種專門企業的專業服務更加安全。

依照生活動線整理 iPhone 的桌面

能馬上找到需要APP的桌面

極簡主義不僅追求物理上的簡單，連數位資料也不能放過。在我的 iPhone 裡，若預設的APP中有用不到的話，就會刪掉，藉此一眼看出自己有在用的應用程式。

我配置手機介面的原則有以下五點：

（1）工作列只放一個APP。
（2）依顏色分成不同資料夾。
（3）常常更換桌面背景照片。
（4）將 Reminder 放在資料夾外。
（5）第二頁只放一個APP。

確定不用的預設 APP，就刪掉

我依 APP 圖示的顏色分成「Black」、「Blue」、「Green」、「Red」資料夾，負責管理日程的「Reminder」能夠告訴我特定時間與地點要作什麼，所以就擺在桌面上，沒有放進資料夾裡。正在學習的英文相關 APP，也都集中在同一個資料夾。

繪里沙の選物提案

想想看：手機上的APP，是不是有根本沒用到的？

（1）——很多人都認為iPhone的工作列上，理所當然要有四個APP，但是縮減成一個會讓畫面更清爽。我的工作日程沒有特定時間，容易忘記今天是星期幾，所以就決定把日曆擺在工作列。（2）——我通常是依顏色或圖示記APP，所以這樣的分類比較方便尋找。另外一個理由，則是我對顏色比較敏感，所以依顏色分類看起來也比較舒服。（3）——我認為桌面背景是「調整自我心情」的最佳場所，所以會選擇適當的照片，以演繹出「今天想展現出的形象」。（4）——我使用Reminder的頻率很高，整個生活可以說是靠Reminder支撐的。（5）——這樣才可以欣賞背景的照片。

就算管理的APP數量不變，但是能夠直覺找到必要APP，或是編排得非常舒適時，就會大幅增添桌面的好用程度。

用電子行事曆取代實體手帳

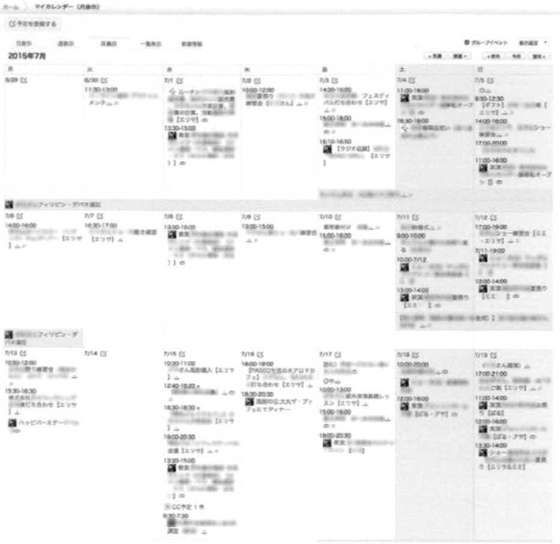

用「Cybozu Live」管理手帳

不僅能夠管理自己的日程，連團體日程都能輕易掌握，非常方便。

我不用手帳已經大約一年半了，但是其實並未完全擺脫日程管理，只是用「Cybozu Live」代替而已。「Cybozu Live」可以說是一種雲端型的團隊合作工具，不僅能夠切換公私模式，還能夠用電腦或手機處理。我得以捨棄手帳，全仰賴網路環境的完善，現在開會和討論都在網路上進行，也還沒有遇到什麼困擾過。

不帶手帳的優缺點

〈優點〉

☑ 選包包時不必考慮手帳的尺寸。

☑ 省掉一本手帳的重量。

繪里沙の選物提案

捨棄拿著實體手帳的樂趣，選擇更輕盈的生活。

☑ 避免約好的日程與雲端手帳重疊。

☑ 喜歡的手帳會帶來喜悅，APP則少了這一點。

〈缺點〉

☑ 不符合商務人士的習慣。

☑ 遇到不能拿手機的場合就只能投降。

我有一段時間同時使用實體與雲端手帳，但是當時必須開啟兩邊確認，現在只要開網路確認就好了，也不必花時間把實體手帳的行程記到網路上。不過，無法否認的是，實體手帳用起來更順手，而且拿在手中感受到的喜悅也很棒。

限制紙張、文件類的堆積數量

在日常家中也適用的碎紙機

現在我所用的是「國譽牌」超靜音桌邊碎紙機。我至今已經用過三種左右的家用碎紙機，這是最好用的一台。價格不到一萬日圓，可以連續使用十分鐘，非常好用。

收到紙張文件類後的處理流程

每一張紙都很薄，累積起來卻很占空間，寫有私密資訊的筆記也不能直接丟掉，所以管理起來很費時。我的個性很懶，因此發明了一套無後顧之憂的方法。

在公司收到郵件後，我處理的流程如下：

（1）從信箱取出後，依收件人分類。

（2）寄給我的私人信件，將信封用刀子拆開後，剪下收件人資料與郵票（資料投入碎紙機，郵票丟進老郵票回收箱）。

（3）將信件分成「碎紙機」、「資源回收」和「待處理」三個部分。

繪里沙の選物提案

一收到信件就做分類，選擇要「丟掉」或是「待處理」。

習慣這個流程，每次拆完信都能迅速處理並分類完畢。

決定存放數量的上限

我準備了「書架」、「信件箱」與「處理中文件箱」這三個存放紙類的收納空間，並決定好容量的上限。書架是一個層櫃的量，其他都是十公分寬、A４資料夾的量，滿出來的文件紙類再精挑細選，丟掉不需要的。

另外一個方法就是把資料都數位化，想保留的資料、與回憶有關的照片與書信……等，掃描成電子檔放在雲端空間保管，如此一來就能隨時隨地確認了。

很方便的碎紙服務

◆「**Kuronekoyamato 機密文件回收服務**」

辦公室需要廢棄的機密文件（顧客名單、問卷調查……等）時，可以選擇這個服務，他們處理的方式是將紙張溶解掉。

管理數位化的資料和照片

◆「**Dropbox**」

除了能依日期整理照片，還可以製作成相簿分享。
除了照片以外，還能存放檔案（有免費版與付費版）。

◆「**Evernote**」

能像寫筆記一樣存放資料的服務。只要先記下重要資訊，事後就能夠輕易檢索與整理（有免費版與付費版）。

有助於處理文件紙類的工具和服務

以前我會把自己和公司有關的紙張與文件收進資料夾，貼上標籤、仔細整理後收納在三個層櫃裡。某一天我突然開始懷疑：「這個還有要用嗎？」於是便把基於「可能會用到」而保留的文件都處理掉，最後只留下一個層櫃的量（現在私人文件都用十公分寬的資料夾收納）。

以下就依照文件的數量、由少至多，分別推薦各位適當的處理法：

☑ 少→資料保護章、碎紙剪刀。

☑ 一般→碎紙機。

☑ 多→到府或收件型的碎紙服務。

按照目前現有的文件量，以及考慮每天會增加的書信量，選擇適當的方法即可。

欣賞漂亮的卡片和充滿回憶的筆記

（左）喜歡的明信片或卡片，就擺在顯眼的地方當裝飾，欣賞一陣子。（上）留學時期學英文的筆記本，會在手邊放一段時間做回顧。

卡片類的處理方式

展覽邀請卡、搬遷通知、賀年卡……等，經年累月的數量，加起來是很可觀的，其中不少卡片設計精美，也會有充滿回憶而捨不得丟的書信與照片，我個人主要的處理方法如下：

☑ 大量分發的通知卡↓把必要的資訊建檔保存後就丟掉。

☑ 生日卡、賀年卡↓欣賞幾天、最多三年後，就把必要的部分數位化，然後處理掉。

☑ 充滿回憶的書信與照片↓欣賞兩、三年，之後就數位化、把實體紙張處理掉。

相較於把重要的書信與照片放進盒子後塵封在衣櫃裡，不如數位化還比較方便回顧。

比起網拍，交易APP更省時簡單

方便又快速的二手交易平台

以前我在把物品減量的時候，會把不要的東西拿到跳蚤市場或掛上網拍販售，但是跳蚤市場要花錢租攤位、還得親自待客，相當麻煩。網拍雖然省下場地費與待客的工夫，卻得拍照上傳到電腦，還要花時間寫一段誠懇仔細的說明文。

「mercari」是一個免費的二手買賣ＡＰＰ，只要有智慧型手機的人就能輕鬆交易。用手機拍照後，再以 iPhone 的語音輸入簡單的介紹文，就算上架完成了。

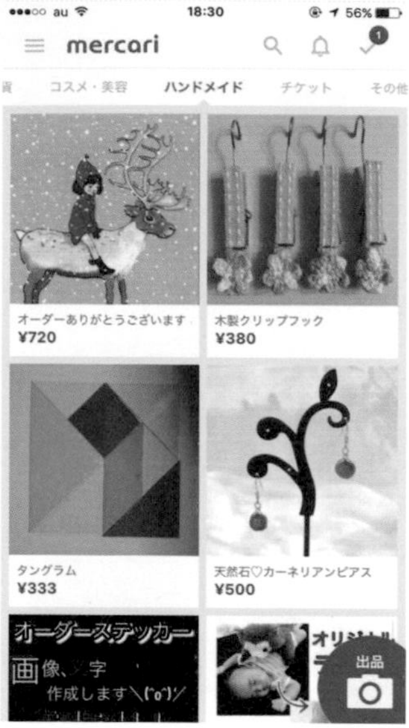

好用的拍賣 APP
「mercari」

這個免費的 APP 非常好用！只要花三分鐘，就能將不需要的二手物品上架。麻煩的金錢往來和交易程序都由平台負責，賣家只要負責把東西寄給買方即可。
http://www.mercari.com/jp/

* 編註：類似臺灣的蝦皮

繪里沙の選物提案

享受不必花太多工夫
就能捨棄舊物的方法，
讓你對「選擇」更加得心應手。

選擇對自己方便又划算的二手拍賣方法

我曾在「mercari」賣過數位相機，結果賣出的價格是二手相機店估價的十倍，而且上架後才一個多小時，就出現了有意願的買家。陸續收到留言再經過討價還價後，只花兩天就賣掉了。

要汰換的衣服中，十件有三件能在當天售出，有三件則是三天內賣出，其中一件則賣了一週，而且價格也是實體二手店舖的五倍。我想應該是「mercari」交易無法檢查、觸摸到實品，所以有品牌的東西會比較好賣。

但是再怎麼簡單的交易，還是得花時間包裝與寄送。要是直接拿到二手店賣掉的話，當天就無事一身輕了。大家想想看二手店面與mercari的價差，以及時間成本，選擇對自己來說比較划算的做法吧。

讓倒垃圾成為有趣的待辦事項

繪里沙の
選物提案

選擇用電子的
「倒垃圾提醒 mail」，就不用
留下「資源回收日程表」了。

與倒垃圾有關的方便服務

日本各個地區會發放資源回收日程表或宣傳手冊，大部分的人將這些資料放在家中的顯眼處，但是我則是連這種提醒式的文件都不會保留。取而代之的是「53cal」服務，這個網站會免費寄發e-mail，通知你倒垃圾的日子，選擇居住地點與希望通知的時間，再填入自己的電子信箱，要倒垃圾前就會收到通知信。

「今天要丟雜誌」

「今天要丟容器包裝塑膠！」

到了科技發達的今時今日，連倒垃圾的日子都令人感到期待呢。

選擇用租借的，也可以

繪里沙の選物提案

選擇花一點小錢租借，
不占空間、不必整理，
每次都能享受不同的款式。

用租借來的和服參加親友婚禮

前陣子我穿著租借的和服，參加了親戚的婚禮。我在和服租借網站上設定的條件為：「色留袖」、「五紋」、「正絹」、「符合個人色彩」、「全套」，並從符合條件的和服中看了一百套左右後，找到了非常喜歡的款式。租賃的全套和服會和專家挑選的腰帶、草履一起寄到，很讓人安心。

其他像是戶外用品、嬰兒用品、大行李箱……等，只有特定時期需要的東西，選擇活用租借服務的話都會讓生活更加方便，不僅能夠以合理的支出享受售價極高的物品，還能夠依心情決定使用的物品。

選擇簡單，是想讓空間更靈活

床與椅子都用摺疊式，
移動、收納超方便

（上）摺疊床有輪子，挪動時相當輕鬆，桐木柵板形式的床板相當通風。（下）造型簡約的摺疊式木椅。

能減少「體積」的物品

「減量」，是簡單／極簡生活中非常重要的關鍵字。當你想開始進行簡單生活，會先努力在縮減物品數量上，當減少到一定程度時，就會想減少「色彩量」、「重量」與「體積」。只要能夠縮減物品的「體積」，就能夠大幅增加空間運用的靈活度。

我實際在用的好東西就是摺疊床，這張床可以連同床墊一起輕鬆地摺疊收起，非常方便。客廳的椅子也是摺疊式，不用的時候都會摺起來收在角落，保有寬敞空曠的空間。

除了家具外，還有子母鍋、平底鍋、矽膠製

繪里沙の選物提案

選擇可以減少體積的用品，增加了空間靈活度，也讓心靈更有餘裕。

的摺疊水桶等，都可以必要時再拿出來，沒有要用的時候就藏起來。

用速乾的紗布巾取代厚重的浴巾

浴巾也是大體積物品的一大代表。我現在慣用的兩條浴巾，都是紗布巾材質，是從國小就用到現在的三十年長壽物品。由於當時會帶去上游泳課，所以邊端還繡著我的名字。

長大後，我也曾嘗試標榜「速乾」、「超吸水」、「大尺寸又柔軟」……等的商品，最終還是回到這兩條紗布巾的懷抱。

紗布巾的方便之處在於：

☑ 省空間（體積不到一般浴巾的一半，重量也很輕，旅行時帶出門也沒問題）。

☑ 快乾（乾燥的時間不到一般浴巾的一半，夏季只要一小時）。

我喜愛的紗布浴巾

尺寸是 68 x 130 公分，和一般浴巾相同，但是更輕、更快乾。

☑ 親膚（愈用愈柔軟）。

既然奉行極簡生活，當然也可以用兩條毛巾取代一條大浴巾，但是我很喜歡使用紗布巾，而且這兩條紗布巾的體積和毛巾差不多，尺寸卻和一般浴巾一樣大，能夠完整地覆蓋身體或長髮。除了浴巾這個用途外，穿和服時還可以修飾體型（當成裡面繞著身體的「寸胴」）。一般浴巾的體積太大，毛巾長度又不夠，所以這兩條紗布巾可以說是恰到好處。

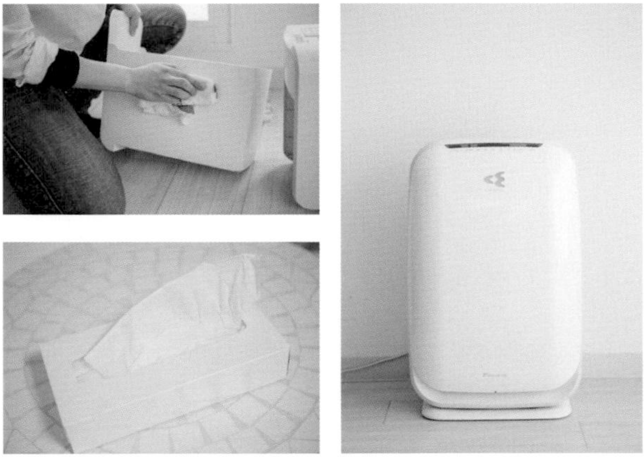

因為「有需要」而選擇的白色物品

（左上、右）空氣清淨機、碎紙機、印表機等電器都選用白色，髒掉的時候用科技海綿沾水擦拭就能夠恢復乾淨。（左下）在「生活協同組合合作札幌」發現的面紙盒，底面以外沒有任何圖案與文字，一片雪白。

「選白色好了」與「我要白色」是不同的概念

消極選擇的白，與積極選擇的白

「選白色好了」，「我要白色」。

同樣是選擇白色，但是這兩者的意思卻大不相同，我稱其為「消極簡約」與「積極簡約」。以我自己的情況來說，印表機和碎紙機都是因為有需要才買，所以希望愈不顯眼愈好，這時就採取「消極簡約」的態度選擇白色。

另一方面，我對白襯衫的態度就是「積極簡約」，因為白色襯衫比任何顏色都適合我的臉色，也很好搭配其他衣服，所以我非常喜歡白色襯衫。

我有一段時間都是以消極的態度選擇白色，結果就感受不到購物的樂趣，但是這種「選白色

繪里沙の選物提案

用消極態度選擇的白色，能夠為簡約生活增色。

好了」的狀態不是什麼壞事。只是因為面對沒興趣的物品，所以把選購的時間省下來罷了。省下來的能量，就投注在有興趣或享受的事物上吧。

為什麼會受到白色吸引？

受到白色吸引的心態，在心理學上是否有什麼意義呢？我用白色相關心理學對照自己的狀態後，發現了這樣的結果：

☑ 想重新開始的心情↓我想調整工作流程。

☑ 非常真誠↓或許我正對自己這麼要求著。

☑ 討厭說謊與妥協↓開始擁有被討厭的勇氣。

☑ 排除多餘事物，努力專注於特定事物↓獨處時會特別想要專注。

☑ 神聖、神祕↓我對心靈的運作比以前更有興趣。

連牙膏和噴霧容器的標籤都一致用白色

（左）廁所用的酒精噴霧，是用消毒酒精、水與增加香氣的薄荷油手工製成，標籤是依我喜歡的樣子設計成。（右）洗手台的容器也統一使用白色，由左起分別是化妝水、隱形眼鏡藥水、牙膏，以及無添加也不含香精的肥皂。

「白色」能讓視覺更清爽

某天我看著洗手台時，忍不住覺得「好像有點煩躁？」結果發現是牙膏的包裝造成的。洗髮精可以改裝進喜歡的罐子，但是牙膏沒辦法這麼做，因此我決定用白色膠帶貼起包裝，這麼一來果然清爽多了。

就連打掃廁所在用的酒精噴霧容器，原本是空間芳香劑的容器，我撕掉了芳香劑的包裝，改用黑色麥克筆手寫標示。至於直接印有 LOGO 或圖案的罐子，則會用研磨金屬在用的科技海綿磨掉，看起來就乾乾淨淨了。

chapter 04

無法選擇時，問自己10個問題

Question

01

一年內有用過嗎？

Answer

和過了一年四季都沒動過的物品說再見！寶貴的時間，要用在管理「收納」上

一整年都沒用到的物品，很有可能到了明年也派不上用場，真的有必要用到時再重買如何呢？或者是，一年只用到一次的物品，就改用租借的吧？

我個人認為，需要管理的物品愈多，心情就愈沉重。或許是因為，我認為必須讓每一件物品善盡活用，所以想盡量減少必須管理的空間和所有物，與其貪心地抓著每個物品不放、但也不拿出來使用，不如送給其他會用的人還比較有意義。

頻繁穿著的衣服、鞋子等，很容易注意到「這段時間都沒穿了」，但是偶爾才用的家電卻很容易被忽略。我也有許多物品是很久後才注意到「好像超過一年都沒用到了……」最近我所有的拍照工作都以 iPhone 解決，所以就揮別了數位相機與攝影機；開始在用方便的名片管理ＡＰＰ後，也揮別了用來輸入名片資料的數字鍵盤；居住環境改變之後，也不需要加溼器了。

Question

02

看到時，會覺得「礙眼」嗎？

Answer

別忽略看到物品當下的情緒變化，從使用頻率高的東西開始，換成現在更喜歡、更適合的類型

在將衣物減量時，我會對自己提出的第一個問題，就是：「穿上這件衣服時的心情如何？」光是這個問題，就讓我從六十件衣服減量到二十件。

有些物品原本很喜歡，但是隨著時光流逝老舊了；有些物品曾經很適合自己，但是隨著自己的變化卻不再適合了。物品與自己都會不斷變化，所以必須經常重新審視才行。與其執著於「曾經喜歡」、「曾經適合」，不如珍惜「現在更喜歡」與「現在更適合」。

不只衣物如此，使用頻率愈高的生活用品，就必須愈重視物品帶來的舒適度，包括「用得順手」、「看得舒服」等等條件。有些洗手乳或牙膏的包裝太鮮豔，這時我會把內容物挪到喜歡的容器，或是用白色膠帶把設計雜亂的包裝貼起來。只要多做這個小動作，就能夠讓放置這些物品的場所，轉變成散發出舒適氛圍的空間。

Question

03

能為自己加分嗎？

Answer

不只物品本身的質感，接觸的時候、穿上的時候、使用的時候，也能為自己加分的話，就是「很適合」

便利的現代，因為只要一個按鍵，就能將「好像不錯」的東西買回家，所以親眼看過、親手摸過，也和其他物品比較後確認「找到好東西了」，才下手購買時的喜悅，就格外不同凡響。

舉例來說，我花了約一年的時間尋找想要的風衣。這段期間我先上網查找和搜尋評價後，將範圍縮小到一定程度，挑選了「必買風衣品牌」，接著試穿了十幾件，最後總算找到符合體型和自己生活風格的風衣。這件風衣就算隨手放置也不會皺，穿上後也能讓我的身型看起來更俐落。

很多人看到我平常在用的錢包，也會表示：「很有妳的風格。」這個獨一無二的錢包，是手工藝家以我喜歡的花紋和布料製成，所以每次從包包中拿出來的時候，都像是在告訴大家：「這就是我喜歡的設計！」

請各位在審視一件物品時，不要只著眼於物品本身，也要想想穿上或使用時，能不能讓自己看起來更有光彩。

Question

04

相同用途的物品中，這是最好用的嗎？

Answer

有備用品的「安心」，會養出「妥協心態」；由「最好」組成的空間，才能夠展現出自我風格。

「雖然很喜歡你，最近卻覺得處不來，只是又不到分手那麼嚴重。不過分手後也不見得沒有更好的邂逅……

而且我們在一起那麼久了，要分手也讓我覺得不安，雖說我也不認為能和你永遠在一起，但是至少比獨自一人還要好，所以就先別分手了吧（找到更好的再拋棄你就好了）。」

這其實是在談「已經不喜歡了，卻捨不得丟的東西」，但是從男女關係的角度來看時，不覺得很缺乏對感情的忠誠度嗎？

好幾年前買的風衣、包包、化妝用品、家電……雖然已經沒有「很喜歡」的感覺了，但是「還不到丟棄的程度」，就勉為其難地暫且留著，各位身邊是否有這樣的物品呢？

人與物品間的關係，和人與人之間的關係有個共通點，那就是捨棄了不喜歡的之後，就有機會遇見更好的。汰舊換新後，圍繞著自己的「最好」，就會形成專屬於自己的獨特風格。

Question

05

單純因為「回憶」而想留下嗎？

Answer

最重要的是「回憶」，而非物品，回憶會留在記憶與紀錄中。

學生時代獲得的獎狀、祖母送的和服、孩子勞作課做的紙黏土存錢筒、懷念的照片與書信等等，捨不得丟的原因是物品背後的回憶，而非物品本身，各位是否也有很多這樣的「回憶物」呢？

這些充滿回憶的物品、紙本照片或收到的信件，我都會製成電子檔，放在雲端硬碟保存，可以隨時隨地看到。

每個人重視的物品不同，要把東西留在身邊懷念也無妨；不過，最重要的是回憶，而非物品。還是應該要盡量避免家中堆滿這類回憶物品，結果導致空間愈來愈窄、清掃也不易，積滿灰塵反而危害健康。

當把物品保留在身邊的理由，只有「回憶」時，就試著考慮別放在箱子裡不管，拍照、掃描後，以電子檔的方式保存吧？

Question

06

是否有具體的使用時期與用途呢？

Answer

想著「總有一天會用」時，就是該丟掉的時機；只留下現在所需的物品，才能拓展未來的可能性。

「總有一天會穿」、「等到再瘦〇公斤就能穿了」我們總是會秉持這樣的想法留下衣服，但是這個「總有一天」，到底什麼時候會來呢？

放在未經整理的衣櫃深處、漸漸覆滿灰塵，隨著歲月流逝，也退了流行，衣服的價值大幅降低。既然如此，不如送給現在就會珍惜穿著的人，想必衣服本身也會比較高興。

努力蒐集來的收藏品，是否令你感到開心呢？就算是充滿回憶的物品，只要讓人感受到「沒有活用」，就應該放手，捐給能展現物品風采的單位。

當「還可以用」的惋惜心情，對你進行「物品減量」造成阻礙時，也可以多多運用二手商店或跳蚤市場。

將空間與時間用在「現在的自己」身上，而非「總有一天的自己」，只有這樣，才能拓展未來的可能性。

Question
07

是否為「已經記住」的資訊呢？

Answer

已經記下資訊的書籍或影片，就放手吧！
減少打發時間的「隨便看看」，吸收真正有用的資訊。

從現在開始，在閱讀或看電視的時候，試著抱著「這輩子只看這一次」的心態看看，應該會發現更容易記住文字和影像的內容。如果覺得「有需要這樣做嗎」的時候，就代表這個資訊對你來說不太重要。

我會在閱讀時以便利貼做記號，標出「想實踐的資訊」與「想運用的資訊」。可以馬上實踐的就會立刻去做，如果是未來可能會用到的資訊，就會搭配假設的實踐日期輸入到電腦中。遇到不錯的書，也會透過部落格介紹或是告訴他人，把資訊傳播出去。完成「輸入」與「輸出」後，我就會捨棄這本書。

如此一來，就不會想著「改天再認真讀一次」、結果卻把書丟在書櫃裡完全不碰。記錄好書的內容並對外傳播，才能夠真正內化吸收到的資訊，日後真的需要時也能夠迅速上網檢索。

「一口氣取得所有必要資訊」的專注力，比「隨時都能拿來看」的安心感更能夠成為你的力量，不是嗎？

Question
08

是方便的「備品」，還是未經思考的「庫存」？

Answer

決定好庫存量的最大值，而「沒有了會很不方便」的東西，可以等沒了再買。

大家是不是曾有過這種經驗？因為一次大量購買更划算，或是為了備用而過度囤積衛生紙、燈泡、印表機的墨水、保養品、清潔劑、義大利麵條或罐頭？

「日常所需的物品」，幾乎都已經在超市和便利商店的架上，如今也已經是網路下單後隔天就會送到的時代。所以，為了一、兩天沒有也不會造成困擾的東西，特別挪出保管空間的話就太浪費了！空間有限，所以必須有效運用。

充足的庫存讓人感到安心，但是保養品、食品等等的品質，會從到手的那一天開始逐漸下降，囤積了印表機的墨水後，要是哪天換了機器就不合用，反而浪費了這些存貨。

最好的做法，就是先決定好庫存的收納空間，日後囤貨都不要超出這個空間，至於有替代品的物品，就等沒了再買，像這樣依實際情況區分是很重要的。

Question
09

是否懷著「該買嗎」的念頭買下了呢？

Answer

不確定的時候，就不要買，賣光而沒得買的話，就省下來了。

不知道該不該買的時候，「乾脆不要買」才是聰明的做法。會感到迷惘，就是因為這個東西有你不那麼喜歡的地方，有時也是「帶有條件的喜歡」。例如，這件衣服單穿很好看，但是不好搭配。有時只是被流行的風氣影響了，或是一時意亂情迷而已。

堅守「迷惘的時候就不要買」的原則，能大幅縮短購物時間。事後還是很想買的話，就先列入「待買清單」，靜待一段時間等待心情「熟成」。如果是幾百元以內的東西，我會花一週的時間，等心情「熟成」，三至五千元以內，則會等一個月，上萬以內的東西會等一年，同時也會持續蒐集這件物品的相關資訊。等待「熟成」的期間，才能確認自己是不是真的想買。

要是賣完了沒得買，只要想想「日後可能遇到更好的商品」、「省下來了」，就會覺得賺到了。

Question
10

是不是能買一個、丟兩個呢？

Answer

只要一不留心，東西就會一直增加；要有「買一個、丟兩個」的心理準備。

正準備大幅將物品減量的人，特別應該堅守「買一個、丟兩個」的原則，才能加快減量的速度。

買新衣就要丟舊衣，買新餐具就要丟舊餐具，像這樣「限定種類」的做法就很有趣，當然也可以依自身情況設定規則，例如，「要丟掉的東西，不包含日用品與消耗品」。

這個方法能夠有效幫助大家在「購買」前，先思考「捨棄」階段的事情，如此一來才能夠更認真地審視自己的每一件所有物。要是身邊的東西都沒辦法輕易捨棄，當然就不會輕易買入新的東西。

這個方法最有趣的地方，在於愈喜歡購物的人愈有效果。堅守這個規則，購物時自然就會精挑細選，進而打造出充滿自我風格的空間。

等物品減量到剛好的地步時，就可以把規則改成「買一個丟一個」，讓物品數量維持在自己管理得了的程度，生活才會舒適。

chapter 05

為什麼該試試選物提案的11個理由

1 能一眼看出哪件東西真正適合自己

偶爾會看到這樣的公式：

「極簡主義」＝「一無所有」＝「不購物」＝「經濟不活絡」。

但是以我自己的狀況來說，並不符合這個公式，因為我是個物欲旺盛的極簡主義者。有些極簡主義者連對物品的執著都捨棄，但是我還是很享受探索好東西的時間，努力尋找能讓自己感到舒服的物品。

在我認識極簡主義這種思維前，會做出「不小心就買了」、「掙扎後決定買了」、「總之先買起來放」……等行為，現在則變成「認真選購」、「仔細斟酌後購買」、「感到遲疑的話就不買」，雖然購物次數大減，但是花費卻沒什麼變化。畢竟買一百個五十元的東西，和買一個五千元的東西，花費是相同的。

尋找自己追求的「好東西」，對我來說非常幸福。很多人聽到好東西，就會聯想到名牌精品或是高級貨，但是我所謂的好東西，標準其實是「有自己的風格」、「自己覺得舒適」和「自己喜歡」。我在審視物品時會一併思考價值、到手前經歷的事情、至今的回憶，如果發現比現在所有的東西更好的物品，就會立刻購買新的並捨棄舊的，所以我才會認為自己「物欲旺盛」。

極簡主義者會保持「僅擁有必要物的態度」，但是必要物卻是因人而異的。

2 把人生花在「有價值」的事物上

物品是有形的，因此很容易就可以感受到價值，我以前會避免把錢花在無形的事物上。成為極簡主義者後，我開始認真思考物品的價值，對其他事物的價值感受力也跟著提高了。

「為他人帶來喜悅的禮物。」

「為了去見重要的人所花費的旅費。」

「對自己未來的投資。」

我以前都把錢花在可有可無的物品上，還為此浪費了收納整理的心力和金錢，現在則將這些錢挪到更有價值的事物上。

3 找到最舒適的處世原則

試著一口氣把衣服減量到十三件後，「想減量」的慾望就跟著減弱，取而代之的是「想好好珍惜手上擁有的物品」。但是同時，也產生了與之矛盾的想法——「捨棄堅持」＝「捨棄執著」，因此便在「堅持」與「不堅持」之間搖擺不定。

就這樣過了三個月的某一天，我因緣際會寫下了「對未來自己的期許」。我列出了「保持平穩」、「享受家事」與「態度凜然」。看著這些期許，我腦中浮現了理所當然卻又很重要的想法。

「想要維持平穩生活，就應選擇心意互通的人往來。」

「想要享受家事，就要以輕鬆的方式達到物品減量。」

「想要展現凜然的態度，就要選擇發揮自己魅力的衣物。」

我發現，想要實現願望，要改變的不是物欲，而是「看待物品的方式」。意識到這件事情後，我從對物品的堅持，就轉移成「藉由捨棄物品或購物，實現某種理想」。

熱衷於物品減量的人分成兩種極端的族群，一種人連自己對事物的堅持都捨棄了，另外一種則是很堅持身邊只能留下很少的物品。我有段時期認為「擁有特定堅持」是很棒的生存方式，但是後來又不禁思考，「放棄堅持，也很帥氣」。

舉例來說，我平常會使用無添加且無香精的肥皂洗臉，當時選購這種肥皂是以「好不好買」為基準，而非品質或使用舒適感。家中的空氣清淨機、印表機與碎紙機，也是以「不要太顯眼」的消極想法選擇了白色。但是這種對任何事物都沒有特別講究的態度，其實就是對「省下選擇工夫」的堅持。

真正對事物都毫無講究的生存方式，到底是什麼樣子呢？我思考這件事情時，想起了與母親之間的對話。母親聽到我說「我想捨棄欲望，過著心靈平定的生活」時，告訴我：「妳現在貪心一點也無妨吧？欲望會帶來成長，不必那麼著急。等妳年紀大了之後，自然而然就會無欲無求的人。」

持有講究物品的生存方式，以及對物品毫不講究的生存方式——我現在也還在努力摸索，想要從兩者各取優勢，找出真正「符合自我風格」的生存態度。

4 能更明確的表達自己、定位自己的風格

有陣子我每天都在逛部落格，在看了超過一百個部落格後，起心動念想實現「一卡皮箱過生活」的目標。最初是逐一搜尋「斷捨離」、「無物生活」、「簡單生活」、「極簡主義」等等的關鍵字，

並從中找出自己比較有興趣的部分。

例如，我喜歡看人家把摺得很整齊的衣服擺在一起，但是對於環保方面的料理話題就還好……，像這樣，我慢慢找到了自己的目標方向。

後來我也想開始分享訊息，所以就開設了部落格「魔法使的簡約生活」，分享了自己如何將物品減量的過程、斟酌後購買的物品、當下的感想、參考的書籍等等。仔細想想，部落格就是我的「輸出」管道。

和寫在筆記本的時候不同，這種對外公開的文章有機會獲得迴響，幫助人從中找到自己在這世界上的定位。原本覺得自己的物品數量很普通，分享到網路上後，收到「哇~你的東西好少」的感想，就會發現自己的物品數量真的比一般人少很多。

自己的定位與風格中，有一部分是透過比較才感受得出來的，必須和周遭人做比較，才能明確知道「自己是什麼樣的人」。必須有比較對象，才會凸顯出所謂的「自己」。因此部落格對我來說，是釐清自己思緒的必要場所，所以我未來也打算認真寫下去。

5 容易選出最適合自己的項目

展開物品減量後，身邊就會只剩下對自己來說「必要的」物品。只剩下必要的事物時，專屬於你的生活方式就會清晰浮現。確認自己的生活方式後，取捨起來就特別明快。

持有的物品數量少，認真對待每一項物品的時間就會增加，和這些物品也會愈來愈契合。和物品的契合度愈高，取捨、選擇的精準度就會愈高。

仔細想想，人生就是不斷重複取捨和選擇，就算感覺每天都重複著相同的生活，背後也是因為自己不知不覺間做了取捨，選擇「和昨天過著一樣的生活」。

展開極簡生活後最大的改變，就是決定事情的速度變快了。這樣的變化不只反映在選擇有形物品上，和朋友外出吃飯時，決定菜色的速度也提升了。

我喜歡草莓，所以選甜點時就會選草莓類的；吃辣會嗆到，所以選擇咖哩時就會點不辣的口味（當然有時也會挑戰看看辣味）。只要清楚自己「喜歡的」和「不擅長的」，就能夠快速做出選擇。

選擇的速度太慢時，就更有可能錯失寶貴的機會；成為極簡主義者的結果，提升了我的取捨、選擇能力，也讓我的人生更加豐富。

6 不會錯失好機會

做決定的速度變快時，就不容易錯失好機會了。假設現在有人提出邀約：「某個地方好像辦了很有趣的展覽，要不要一起去逛逛？」我就不會煩惱該不該去，會很果斷地回絕：「我對那個沒興趣，所以就不去了。」

像這樣快速地決定「不去」、「不做」，而在拒絕的時候，若是出現了更有趣的邀約時，我也會立刻答應：「好啊，一起去吧。」

在成為極簡主義者之前，我會抱持著「去看看，說不定會有什麼意外的收穫」，而參加各式各樣的聚會，但是現在的我已經不再做出這種沒有明確目標的決定。鎖定自己真正有興趣的範圍，不再錯失參與有趣事物的機會，極簡主義的生活，為我帶來了把握機會的行動力。

7 更懂得「享受當下」

從小到大，我曾設立過無數個目標：「體脂肪率要降到○%」、「○日內要讀熟○頁的資料」、「營業額要提升至○日圓」等等。為了獲得達成瞬間的好心情，勢必得熬過比較難受的過程——我一直認為這是理所當然的事情。

但是切換成極簡生活模式後，我的思維也跟著改變了，現在最重視的是「不要推開幸福」。在精挑細選的過程中，我會一直反問自己「現在的我，需要嗎？」這句話也讓我體會到了「享受當下」的重要性。

使用現有物品的時候也是，我不再認為要「為未來的自己」犧牲「現在的自己」，而是認為讓「現在的自己」感到開心，能幫助「未來的自己」更幸福。

現在的我，不管是運動還是學習英文都樂在其中，雖然分別是為了實現「打造緊實身材」與「說出流利的英文」的目標，但是享受這段過程，比感到煎熬更好。

享受過程才能持之以恆，尤其是無法靠瞬間爆發力實現的目標，更是得藉樂趣帶來動力。

8 坦誠面對自己的內心

我從小就不太敢提出自己的意見，害怕其他人聽到後的反應，擔心受到批評或是被嘲笑。長大後才開始學著說出自己的意見，有時加深了彼此間的理解，有時卻凸顯了雙方的想法差異。和身邊人意見相左的次數增加後，就會愈來愈難以行動。儘管如此，我還是努力和這些人往來，認為必須得和每個人好好相處才行。

「每次見到那個人都覺得好累，我或許不擅長和他這類型的人來往吧？」

「原本以為自己是因為喜歡才加入這個團體，但是仔細想想，只是擔心被排擠才硬逼自己跟他們打交道吧？」

在客套話、表面工夫、面子與責任感的交錯下，逐漸忽視了自己的情緒。陪笑、阿諛、非真心的認同，勉強自己討好別人的結果，讓心靈感到疲倦。和他人的交際中不得不對自己撒謊，讓內心疲憊不堪，如此一來，不僅自己感到痛苦，對他人來說也不誠懇。

透過物品減量，意識到「自己的風格」有多重要時，我終於能從全新的角度看待自己的內心，慢慢訓練出能坦率行動的自己。當然不是每件事情都能馬上獲得改善，但是光是能意識到自己「現在的感受」，就能夠大大增加解放心靈的機會了。

9 人際關係變簡單

透過物品減量，會漸漸看到最真實的自己。

舉例來說，不在地板上放物品，是想讓打掃更輕鬆。我不喜歡家裡髒亂，但是也沒勤勞到能夠每天挪開地板上的家具或物品打掃。

我喜歡白色，卻又運用充滿玩心的壁貼，是想為家中訪客帶來視覺樂趣。我很珍惜獨處的時間，但也很喜歡和他人互動。

就像這樣，我在經過取捨後的嚴選物品環繞的空間中，展現出最原始的自己。表現出自己的真面目，就能和契合的人更加親近，不契合的人自然會遠離。剛開始或許會覺得少了些朋友很可惜，但是慢慢地就會找到「最舒適的距離」。

讓人際關係更簡單的唯一一個方法，就是不要對自己、也不要對他人「說謊」。

「抱歉，我現在不太想吃那個。」

「你這樣講，我也是會受傷的。」

雖然使用了美化過的言語去修飾，或是選擇溫和的用詞，不過還是吐露了真心話，表達出原本難以說出口的事情。

不對自己也不對他人說謊時，難免會有人避而遠之。但是那些人拉開的距離，一定是彼此間必要的距離。

和誠懇的人往來，能讓人際關係變簡單，愈來愈不會往壞處想，也不必思考太過迂迴的對話。

「有些人雖然距離遙遠，卻忍不住想為他打氣。」

「有些人能一起大談現在很感興趣的話題。」

「有些人雖然偶爾才能見面，卻能互相信賴，能和對方站在同一陣線。」

現在，我的身邊都是這樣的人。

10 從「必須如此」中解放

每個人成為極簡主義者之後會走的路，當然不盡相同，畢竟各自持有的重視物品、風格、珍惜的事物都不一樣。但是既然認同極簡主義，就會有三項「不做」的事情——

「不受既有觀念侷限。」

「不隨波逐流。」

「不會人云亦云。」

這是種看透事物本質的概念，與脫離正軌不同。也並非完全不在意流行元素，只是會按照自己的想法去運用；也不是缺乏群體觀念，而是尊重自己也尊重別人。

提到「極簡主義者」的時候，人們多半聚焦在東西的數量，但是我認為可以更加關注內在的變化與優點。

11 真正重要的事物會自然浮現

捨棄不適合的，並選擇更符合自我風格的物品。不斷重複後，不僅能發現「更適合自己的物品」，還能夠看出「對自己來說真正重要的事情」。

有沒有想花時間去的地方？現在有沒有想做的事情？有沒有想持續往來的人？或許是現在對於自己「舒不舒服」的感覺更加敏感，現在的我在做決定時，很少會猶豫。

試著回顧至今的人生，雖然平凡卻也風浪不斷：極度怕麻煩的童年、換了個人似的開朗高中生活、身為妻子的日子、換了十三個工作的困窘時期，以及展開氣球藝術家之路的現在……

累積至今的時光與經驗、每一個時期的煩惱，都不是虛無的。我相信正是因為信奉極簡主義後不斷整理自己的內心，過去的一切才會化為我走向未來的路標。

這讓我想起過去擁有的幾件物品，都已經化為記憶與紀錄，物品本身則早已捨棄，但也有幾項無論如何都珍惜保留的物品。

兒子第一次買給我的伴手禮、女兒小時候親手做給我的御守、惠我良多的恩師親手雕的盒子……等。高中時代在劍道部使用的竹刀，如今也以「護身」的名義擺在家中，每次拿在手上把玩時都會想起過去，帶來激勵的作用。

找出對自己來說最重要的事物，能讓生活的主軸更明確。不要拘泥於大眾的基準，傾聽自己的心聲，好好感受從滿是回憶的物品中所湧現的情感。

我發現，光是認真面對自己的心情與感受，就能在內心形成無可動搖的自信。

捨不得丟的重要物品

（上）惠我良多的恩師所贈，是親手雕刻的木盒，裡面放了許多充滿回憶的物品。
（下）兔子玩偶是與女兒成對購買的，右邊則是女兒小時候親手製作的御守。

「讓生活更簡單的方法」，換句話說就是
「能量有限，不要浪費的生活方法」。
首先從好掌控的衣物、持有物品開始處理，
後半將會提及人際關係、夢想與目標。
請各位從能輕易辦到的部分開始，
親自體驗生活變簡單的感覺吧。

chapter

06

開始簡單的生活風格

方法1

列出衣物的清單

請試著列出自己擁有的所有衣服吧！像我就會這樣寫——

·風衣（米色）

·牛仔褲（blue wash）

·長袖T恤（黑色）

衣服太多懶得列出時，可以像「春季服裝」、「夏季服裝」這樣，依季節列表，懶得列入的不妨就趁這個機會丟掉吧！透過衣物清單，可以看見「自己的現狀」。

方法2

丟掉衣服時，寫出不要的理由

看上了就買回家，結果卻完全沒穿過的洋裝；曾穿過數次，但是現在沒再穿過的襯衫——請各位邊回想自己丟棄的衣服，邊列出丟掉的理由。有照片的話一起列出會更易懂（所以，從現在開始養成丟掉前先拍照的習慣）。

「穿黃色讓我的氣色看起來不好。」「這是曾經很流行的款式，但是穿兩年就徹底過季了。」「寬袖顯胖。」像這樣從捨棄的衣服中找出共通點後，就可以明確得知自己「絕對不該買的衣物」。事前做好筆記的話，挑選衣服時就簡單多了。

方法3
決定好自己的基本穿搭

基本款穿搭，也可以說是特定場合的「制服」，例如：做家事時的制服、工作用的制服、購物用的制服。

請以手邊的衣服為生活中各種場景規劃出最佳穿搭！不想每次都穿一樣的衣服時，就一口氣想好多組搭配，如此一來穿衣服時就不會傷腦筋，有餘力的時候再多花點心力享受新的穿搭樂趣。相較於每天耗時耗力想出不盡完美的穿搭，不如一口氣想好整週的最佳穿搭再每週重複即可。

方法4
列出曾受到讚賞的衣物

穿上後別人以為自己瘦了的夾克、戴上後曾被稱讚很時髦的飾品——自己適合什麼樣的衣服，有時候就藏在他人的話語中，自己不見得看得出來。各位是否有穿上後備受好評的服裝呢？

或許有人受稱讚的盡是不符合自己喜好的衣服，這時只要有那麼幾天的心情，是穿衣服時不想在意任何人想法的話就無妨。但是究竟是懷著「請理解我」還是「請別看我」的心情穿上的呢？兩者之間的差異可是極大的。

方法5

列出理想的衣物清單

在〈方法1〉介紹的「現有衣物清單」，是表現出「自己的現狀」，拿來與「理想衣物清單」比對，就能夠確認未來的自己是否需要現在擁有的衣服。

先別管現在有的衣服，從零開始想像「今後想穿的衣服」、「想成為的模樣」、「理想的生活型態」、「方便管理的件數」……等，並依想像的結果列出。

從理想的衣物清單中，能清楚看見「理想中的自我」。

方法6

擺出包包裡的所有物品

將包包中的物品都拿出來擺在桌上，會注意到「功能相似的物品」、「最近沒在用的物品」、「只有特定日子需要攜帶的物品」，能輕鬆地整理隨身攜帶物品。

雖然只要把東西拿出來就能做到，不過，想要從更客觀的角度去思考時，就拍張照片吧！雖然包包內容物很少展現在他人面前，但是外出時會與自己形影不離的包包，若是完全裝著自己認同的物品，會在無形間會提升自信心。

方法7
列出用得很久的物品

能長時間使用的物品，除了本身堅固且品質不錯以外，同時也代表著與自己的生活非常契合。

不畏時間考驗的事物，自然會顯現出對自己而言的價值。

以我很喜歡的浴巾為例，這可是從國小就開始使用的三十年長壽品項。一端已經用到破破爛爛了，所以我好幾次想買新的來換，最終還是只使用這條。因為這條紗布浴巾的觸感、恰到好處的尺寸與快乾的程度，都非常符合我對浴巾的需求。

方法8
列出不需要的物品清單

製作這份清單後，就能更快地做出生活中的無數選擇。舉例來說，我的不需要清單裡，有一項「黑色套裝」，我已經下定決心，要「一輩子做現在的工作（氣球藝術家）」，並夢想成為「慣穿和服的人」。過沒多久，就有份必須穿著黑色套裝的工作上門，多虧了這份清單，讓我判斷這份工作的調性不符合我理想的生存方式，就很快地婉拒了。

發現手邊擁有不適合自己的事物時，也別忘了記下來，當日後的參考。

方法9
收集喜歡的空間照片

空間亂七八糟的原因之一，就是「覺得這個也不錯、那個也不錯」，「收集喜歡的空間照片」，就能夠預防這個問題。

不一定要實際從雜誌剪下拼貼，在電腦或手機上製作「喜歡的空間」資料夾存起來也可以。

收集到一定程度時，一定會看出自己「最喜歡的空間」，或是「收集最多的空間風格」，日後依這個風格去規劃生活空間，自然就能夠營造出室內統一感。這個方法也很適合運用在服裝或物品上。

方法10
拍攝家裡的照片

在家裡，一定會有習慣成自然的東西，例如順手擺在那邊的面紙盒，不知不覺就固定放著了、總之先掛掛看的窗簾，不知不覺就影響了室內氛圍。

房間很容易看出「Before&After」，有時在別人眼裡看起來很亂，自己卻因為知道本來多亂、反而覺得現在蠻整齊的；建議拍一張照片，才能客觀看待。將這些照片拿來與「喜歡的空間」比對，自然也能夠看出該去掉哪些東西。

方法11
找到專屬的提神食物

近年的健康美容風潮中，提到了許多對身體很好的食材，但是適合自己的食材，其實會隨著體質與環境改變。

你的身體自然會告訴你適合什麼樣的食物。「吃了這個會很有精神」、「累的時候就會很想吃這個」等等，你是不是也有這樣的食物呢？

知道專屬自己的「能量食品」，有助於傾聽體內的聲音，從長遠來看也是種很簡單的健康管理方法。

方法12
找到一天內的「活力時段」

這個時間寫東西特別流暢、這個時間很適合運動或工作……等，你是不是也發現，自己在某種時段、特別適合做某件事情呢？

完全沒概念時，要是剛好認為「家人起床前的安靜時刻很適合思考」，就先以此為基準，假設並規劃整天的行程。

反覆實驗個幾次之後，預定的行程就會在能力所及下，慢慢對上效率最好的時段。

了解自己的「活力時段」，有助於做好毫無浪費的時間管理。

方法13

決定「不需要」的資訊

網路愈來愈貼近人的生活，讓我們獲得豐富的資訊，但也因此進入了必須慎選資訊的時代。

毫無篩選地吸收資訊後，根本沒有時間運用，因此務必要嚴選對自己有用的資訊。

讓人憂鬱或是疑神疑鬼的訊息，當然要果斷放棄，但是有些負面資訊能成為自己的原動力，或是成為自己的負面教材，在篩選資訊前，先想像自己在獲得這項資訊後的反應。讓獲取的資訊更單純，有助於提升時間運用效率。

方法14

整理聯絡人清單

聯絡資料裡，是否有一年以上沒有聯絡過的人、完全沒打算主動聯絡的人，以及根本想不起長相的人呢？

三不五時就會瞄到的這些聯絡方式，不知不覺間會對自己造成小小的壓力。

既然沒用到，就乾脆先刪除，等到某天有緣重逢，並且建立更深刻的關係時，再重新記下聯絡方式。整理聯絡人資料，能和目前常聯絡的人之間建立更深的連結，也能讓人際關係變得更簡單。

方法15
列出喜歡的人

往來對象中若有特別喜歡的人，就寫出喜歡的理由。

「我很尊敬A的謙遜態度」、「B總是笑容滿面很療癒」、「和幽默的C在一起很愉快」、「D總是有許多意想不到的創意，能夠腦力激盪。」

像這樣一一列出原因，就能清楚知道自己和什麼樣的人在一起會覺得舒服，也會更珍惜與這些人之間的羈絆。

方法16
列出十件最想推薦的事情

要列出十件最想推薦的清單，你會選擇什麼樣的主題呢？

如果能夠針對特定領域，選出十項做介紹的話，就代表你相當精通這個領域。

例如：長年的興趣、工作上熟知的事情、最近迷上的嗜好……等，只要能列出十個，自己的「偏好」就會清晰浮現。

透過這份「最推薦的十項XX清單」，就能簡單地找出自己目前最有興趣的事情。

方法17

決定好主打顏色

你的主打顏色是什麼呢？如果可以毫不遲疑的回答，代表你在日常生活中都有注意色彩。

想不出來的人可以參考〈方法1〉的衣物清單、〈方法6〉的包包內容物和〈方法10〉的空間照片，從中找出自己最喜歡或最常用的顏色。

可以只挑一個顏色，也可以用多種顏色搭配。此外，按照時期分類也很有趣，例如不同年度的主題色、春季主題色……等。

方法18

盤點自己的人生

就像寫履歷表一樣，依時期列出曾做過的職業、履歷、學歷、專長和證照，相當於盤點自己的過去。

此外，也可以仿效面試過程，以對話形式寫出自認能感動人的小故事、自豪的長項……等，有助於發現自己新的一面。

透過這樣的自我盤點，能發現「自己的強項」。

方法19 告訴旁人自己喜歡什麼

告訴別人自己喜歡的事物，不僅能讓自己感到開心，同時也是對他人的一種貼心。

例如，我會告訴別人「我喜歡草莓」，所以常收到草莓相關的禮物。熟識的友人跟我說：「不知道該送什麼給妳的時候，選草莓肯定不會出錯，至少我不用擔心送到妳不喜歡的東西。」

直接告訴身邊的人自己的喜好，能讓彼此相處起來更容易。

方法20 告訴旁人自己的夢想與目標

長大之後的夢想，多半是從「現在的自己」延伸出來的，正因如此，請大家盡情想像「如果可以實現某個夢想，該怎麼做」，答案或許會和現在的生活和工作相差很大，或許能藉此發現「自己真正的心願」。

接著，試著告訴其他人自己的夢想或目標，讓身邊的人成為推動你的力量，甚至可能有意想不到的機會。

認識自己真正的心願，並試著跨出一步，就能開拓通往幸福的簡單道路。

後記

簡單生活，是我找到自己的方法

我現在的工作是「氣球魔法使（氣球造型藝術家）」，工作地點在北海道等地，接觸了各式各樣的人。其實，我從小就過度神經質，國小到國中都拒絕上學，房間與腦袋都像翻覆的玩具箱一樣亂七八糟。

上了高中後我改變自己，對任何事情都非常積極，畢業後也馬上結婚、生子，接著嘗試過各式各樣的工作。那是段相當煎熬的時期，人生當中於公於私都不順利，最後離婚又離職，身心受創、跌入人生的谷底。

某天，我從街頭藝人手中接過了氣球做成的花朵，照亮了我黯淡的世界。那天之後，我全心投入氣球造型藝術的練習，將做好造型的氣球送給他人時，看到對方驚喜喊著「哇～好可愛」的模樣，就讓我感到幸福。最後，我立下了一個目標，希望透過氣球藝術為世界帶來笑容，為此開始去上相關的課程、慢慢結交了志同道合的夥伴。

在這絕對稱不上一帆風順的人生中，我在二十多歲時踏上了極簡主義之路，透過市集的擺攤經驗，學會了「丟棄」以外的物品減量方法。從那之後已經過了十年以上，從事氣球藝術家的工作之餘，曾抽空到國外進行一個月的遊學。出國時，我只帶著可以帶上飛機的手提行李，以及工作用的打氣筒。由於一半的行李都是工作工具，讓我意識到，必備的生活用具其實只要一個登機箱就能裝完了。

曾經嚮往的「一卡皮箱走天下」比我預期的還早實現，在遊學結束回國後，我花了三個月的時間，全心全力的清理自己的物品。

真誠面對購物與減量的過程，讓我看透對自己來說「真正重要的事物」。我的極簡生活旅程還沒結束，但是還是以部落格內容為主，彙整出了這本書。如果能夠為各位帶來享受人生的靈感，我會非常開心。

簡單生活實踐者　繪里沙

國家圖書館出版品預行編目資料
簡單生活的選物提案 / 繪里沙著；黃筱涵翻譯 . -- 初版 . -- 新北市：幸福文化出版：遠足文化發行，2020.02
面； 公分
ISBN 978-957-8683-66-2(平裝)
1. 簡化生活 2. 生活指導

192.5 108022697

好生活 014

簡單生活的選物提案

物品立刻減量 30% ！
43 則怦然心動的選擇練習，改變超有感！

作　　者：繪里沙
譯　　者：黃筱涵
責任編輯：賴秉薇
封面設計：比比司設計工作室
內文設計：王氏研創藝術有限公司
內文排版：王氏研創藝術有限公司
印　　務：黃禮賢、李孟儒

出版總監：黃文慧
副 總 編：梁淑玲、林麗文
主　　編：蕭歆儀、黃佳燕、賴秉薇
行銷企劃：林彥伶、朱妍靜

社　　長：郭重興
發行人兼出版總監：曾大福
出　　版：幸福文化／遠足文化事業股份有限公司
地　　址：231 新北市新店區民權路 108-1 號 8 樓
網　　址：https://www.facebook.com/happinessbookrep/
電　　話：(02) 2218-1417
傳　　真：(02) 2218-8057

發　　行：遠足文化事業股份有限公司
地　　址：231 新北市新店區民權路 108-2 號 9 樓
電　　話：(02) 2218-1417
傳　　真：(02) 2218-1142
電　　郵：service@bookrep.com.tw
郵撥帳號：19504465
客服電話：0800-221-029
網　　址：www.bookrep.com.tw

法律顧問：華洋法律事務所 蘇文生律師
印　　刷：通南印刷有限公司
電　　話：(02)2221-3532

初版一刷：西元 2020 年 2 月
定　　價：330 元

Printed in Taiwan

讀者回函卡

感謝您購買本公司出版的書籍，您的建議就是幸福文化前進的原動力。請撥冗填寫此卡，我們將不定期提供您最新的出版訊息與優惠活動。您的支持與鼓勵，將使我們更加努力製作出更好的作品。

讀者資料

●姓名：________ ● 性別：□男 □女 ●出生年月日：民國____年____月____日

●E-mail：________

●地址：□□□□□ ________

●電話：________ 手機：________ 傳真：________

●職業： □學生 □生產、製造 □金融、商業 □傳播、廣告
□軍人、公務 □教育、文化 □旅遊、運輸 □醫療、保健
□仲介、服務 □自由、家管 □其他

購書資料

1. 您如何購買本書？□一般書店（ 縣市 書店）
□網路書店（ 書店） □量販店 □郵購 □其他
2. 您從何處知道本書？□一般書店 □網路書店（ 書店） □量販店 □報紙□廣播 □電視 □朋友推薦 □其他
3. 您購買本書的原因？□喜歡作者 □對內容感興趣 □工作需要 □其他
4. 您對本書的評價：（請填代號 1. 非常滿意 2. 滿意 3. 尚可 4. 待改進）
□定價 □內容 □版面編排 □印刷 □整體評價
5. 您的閱讀習慣：□生活風格 □休閒旅遊 □健康醫療 □美容造型 □兩性
□文史哲 □藝術 □百科 □圖鑑 □其他
6. 您是否願意加入幸福文化 Facebook：□是 □否
7. 您最喜歡作者在本書中的哪一個單元：________
8. 您對本書或本公司的建議：________

請沿虛線剪下，黏貼好後，直接投入郵筒寄回

廣　告　回　信
臺灣北區郵政管理局登記證
第　1 4 4 3 7　號

請直接投郵，郵資由本公司負擔

23141
新北市新店區民權路 108-4 號 8 樓
遠足文化事業股份有限公司　收

\簡單生活的/

選物提案

トランクひとつのモノで暮らす

幸福文化　書名　簡單生活的選物提案　好生活 014